清史研究資料叢編

欽定五軍道里表

〔清〕福隆安 等纂

1

中華書局

圖書在版編目（CIP）數據

欽定五軍道里表：全 4 册／（清）福隆安等纂．一北京：中華書局，
2015.10
　（清史研究資料叢編）
　ISBN 978-7-101-11239-9

Ⅰ．欽…　Ⅱ．福…　Ⅲ．清律一研究　Ⅳ．D929.49

中國版本圖書館 CIP 數據核字（2015）第 222000 號

責任編輯：陳利輝　李　佳
封面設計：周　玉

微信　　　新浪微博

清史研究資料叢編

欽定五軍道里表

（全四册）

〔清〕福隆安　等纂

＊

中　華　書　局　出　版　發　行
（北京市豐臺區太平橋西里 38 號　100073）
http://www.zhbc.com.cn
E-mail:zhbc@zhbc.com.cn
北京祖龍古籍膠印裝訂廠印刷

＊

787×1092 毫米　1/16 · 132 ½ 印張
2015 年 10 月第 1 版　2015 年 10 月北京第 1 次印刷

定價：2400.00 元

ISBN 978-7-101-11239-9

出版説明

清代是我國最後一個封建王朝，雖然在西方工業文明的劇烈衝擊下無可挽回地日漸走向衰落，但政治、經濟、文化、學術等各方面，汲取了前代的積纍，而臻於極致。因此，湧現出的典籍數量遠超前代。再加上西方新的印刷技術的傳入，以及距離現今較近等緣故，故保留下來的文獻亦是浩如煙海。

清亡之後，人們便開始着手相關文獻的整理。新中國成立後，清代文獻的整理出版工作更是取得了巨大的成績。迄今爲止，清代的文集、筆記、日記、檔案、方誌以及各種專題資料等已有大量出版，影印存真者有之，點校排印者有之。中華書局作爲我國歷史悠久的一家有影響力的大型出版單位，自成立至今，也一直關注並出版了不少清代文獻，如民國時期出版過《清史纂要》（劉法曾著）、《清朝全史》（〔日〕稻葉君山著，但燾譯）、《清史列傳》（中華書局編）等。新中國成立後，中華書局繼續推出《清代通史》（蕭一山著）、《清代檔案史料叢編》、《清實録》、《光緒朝硃批奏摺》等書，其中不少屬大型影印文獻。

爲適應新形勢下清史研究的需求，我們有責任有義務進一步推進清史研究資料的整理出版工作，爲此，我們策劃了「清史研究資料叢編」這一叢書出版方案，揀擇史料價值高的珍稀文獻納入本叢書，題材、領域不限。

本書所收爲《欽定五軍道里表》十八卷，清福隆安等纂，清乾隆四十四年（一七七九）武英殿刻本。福隆安（一七四六—一七八四）傅恒子，富察氏，尚高宗女和嘉公主，授和碩額駙、御前侍衛，後擢兵部尚書、軍機處行走，移工部尚書，襲一等忠勇公，卒諡勤恪。

據本書開首奏摺，此書性質爲「定地編發軍犯之書」。關於清代的軍流道里表，先後出現過《軍衛道里表》《三流道里表》《五軍道里表》等書，此爲其中之一。從奏摺中，可見其編纂緣起：「自乾隆二十七年奏明修輯後，至今十有餘年，各省督撫陸續奏准將府州縣裁改添設移駐，與原表地名互異及里數不符之處甚多」；另有「相沿錯誤，急應更正」者，此外「……軍流人犯過多者……勻撥軍流數少之府屬安插，亦應按照《五軍道里表》里數酌定地方」，以使「道里之遠近少差」與「犯罪之輕重」相協。綜合以上三方面原因，福隆安等奏請重加修輯。

據《中國古籍善本書目》，該書除此本外，尚有清尹繼善等輯、清乾隆三十二年（一七六七）武英殿刻本。此本較爲晚出，對三十二年本會有更多的修訂與改進，是研究清代軍事制度、法律制度的珍貴史料。

中華書局編輯部
二〇一五年九月

第一册目録

〔清〕福隆安 等纂

欽定五軍道里表十八卷 （之一：卷一至四）

清乾隆四十四年（一七七九）武英殿刻本

太子太保議政大臣領侍衞內大臣總理閣提督國事參贊軍務續順等忠勇公臣福隆安等謹

奏為請修五軍道里表事竊　臣部五軍道里表為

定地編發軍犯之書凡應發附近近邊邊遠極

邊暨極邊烟瘴等犯俱按各直省道里之遠近

開載四至分別五軍俾可按籍查核定例原屬

周詳自乾隆二十七年奏明修輯後至今十有

餘年各省督撫陸續奏准將府州縣裁改添設

移駐與原表地名互異及里數不符之處甚多

如雲南省裁改武定等九府州縣又巴里坤新

設一府一縣烏魯木齊新設一州安西府改爲

直隸州其餘各省改府設州設縣者不一而足

又如甘肅甘州府屬係張掖山丹二縣原表開

載永昌縣相沿錯悞急應更正又據刑部議覆

浙江廣西山西湖北各省所屬府分有軍流人

犯過多者准令各該撫勻撥軍流數少之府屬

安插亦應按照五軍道里表里數酌定地方若

不另爲詳悉酌定道里之遠近少差即與犯罪

之輕重不協事關定例應行纂輯相應請

旨重加修輯如蒙

俞允臣部通行各省督撫詳加查核如有地方互異

道里多寡及改設府州縣之處即行據實開報

其應改地方移查各鄰省并接壤處所分晰里

數造冊報部並將均勻派人犯按照表內道

里遠近酌定分派地方詳悉報部如道里相符

毋庸更改者亦均於冊內將相隔路程逐站註

明臣部按照冊造悉心叅考即於庭部司員中

揀派提調纂修等官同加核對所需供事亦於

欽定五軍道里表

二

臣部書吏內選充均令其自備資斧不必支給

公費俟纂輯完竣之日將增改條欵粘籤聲明

繕寫

黃冊進

呈

御覽恭候

欽定頒行是否有當伏候

訓示謹

奏請

旨等因於乾隆四十年十二月初七日奏本日奉

旨知道了欽此

欽定五軍道里表

卷

三

夺恭戴矢景疊復衍六長瑞閱複事餘督雖隨莊惡公　福隆安等謹

自奏為修輯五軍道里表以竣事查乾隆四十年十

謹奏三月内經　臣部奏准五軍道里表為定地編發

星軍犯之書自乾隆二十七年修輯後各省府州

縣裁改添設移駐與原表地名互異里數不符

之處其多又各省府州縣軍流人犯過多者應

令酌撥數少之府屬安插按照表内里數酌定

派撥地方倘道里之遠近少差節與犯罪之輕

重矛協議令各省督撫精查數目數清纂辑暆

欽定五軍道里表　卷

旨重加修輯通行各省督撫詳查造冊送部纂輯即

於臣部司員中揀派提調纂修等官同加核對

所需供事於臣部書吏內選充令其自備資斧

不必支給公費俟完竣之日繕寫呈進後將

黃冊進呈　仍聽諭旨頒發各省異日遷移不齊

呈恭候　欽定之年分逐加考查增減省志編輯

欽定頒行等因具奏奉

旨知道了欽此欽遵行文各省去後嗣據各該督撫

府尹陸續查明造冊送部臣等督率滿漢提調

纂修等官按冊確查詳加核算將各省新設之

各府暨直隸州應發五等軍犯地方逐一增纂

其有裁改移駐等項與原表地名里數互異之

處以及從前原報里數稍有參差四至地方間

有不符者俱悉心叅考核實更正又各省冊開

有四至里數相符之州縣而原表內未經載入

者亦俱按計道里悉行纂入俾各省應發地方

較前倍增人犯旣得散處防範更易周密併將

歷年內外臣工奏准允行事件定爲凡例二十

條以及各省現在酌定通融派撥軍犯地方列

入首冊以便遵循分輯十八卷敬繕

黃冊三十八本於增改之處逐一粘簽恭呈

御覽伏候

欽定發下臣部另繕副本移送

武英殿刊刻頒行除臣等及滿漢提調纂修各官

不敢仰邀議敘外至額設供事二十六名係奏

明自備資斧並不開銷公項與各館支食公費

者迥異今已纂輯完竣該供事等効力有年應

否照臣部則例館書成一體議敘之處出自

聖恩仍俟該供事等辦理副本完竣後始准回籍爲

此謹

奏請

旨等因於乾隆四十四年十二月十三日奏本日奉

旨知道了書伺候看欽此

欽定五軍道里表

凡例

一例載附近充軍者發二千里近邊充軍者發

二千五百里邊遠充軍者發三千里極邊充

軍者發四千里是各等軍犯原以情罪之輕

重定道里之遠近惟因道里參差有不能適

符所指各處里數者附近近邊邊遠多寡以百里

為率邊遠極邊多寡以二百里為率現經各

省將編發五等軍犯地方徹底挨查分別四

至詳開里數造冊送部間有與從前舊表里
數多寡未符四至互異者俱於冊內聲明更
正今據冊詳加核算如有多寡逾限者於表
內悉行核實刪改

一烟瘴充軍除例應改發極邊四千里者俱照
表載省分編發外其應指發烟瘴人犯仍照
一例發往雲南貴州廣東廣西四省俱以四千
里為限至各省地方如有距烟瘴省分在四
千里之外者惟計至烟瘴地方安置不拘四

一千里之數其距烟瘴省分在四千里之內者

仍按計里數核定地方以存限制至籍隸烟

瘴四省人犯倒應於隔遠之烟瘴省分調發

廣東省與雲南省互調廣西省與貴州省互

調其鄰近烟瘴省分之湖南福建四川三省

應發烟瘴人犯湖南省發往雲南福建省發

往貴州四川省發往廣東均不拘四千里之

數解交各該巡撫衙門酌撥安置

一舊表開載各省編發五等軍犯地方自乾隆

　卷

三十二年起至四十四年凡有移駐裁汰之

各府州縣與舊表地名互異里數不符之處

俱照現在改定地方逐一更正

一舊表內各府州縣編發軍犯四至地方有專

指一處編發者有分路於各處勻發者今據

冊詳加叅酌其分路地方凡有四至道里相

符之州縣叅考與圖悉於表內核算增入庶

使應發人犯可以均勻安置不致積聚滋事

一舊表內各府州縣編發軍犯四至地方有註

明抵邊抵海停其編發者今據冊於各府州

縣道里詳加覈核其實已抵邊抵海者仍於

表內註明如尚有可發之處俱按計里數核

定地方一律改正編發

一順天直隸各州縣於乾隆十九年奏准

畿輔郡縣不便安置軍犯今仍照舊表凡各省應

發順天直隸各州縣軍犯俱停止編發

一奉天錦州二府於乾隆十六年奏准奉天爲

本朝根本重地不宜藂積匪類一應軍流人犯悉

行停止安置今仍照舊表凡各省應發奉天

各州縣人犯俱停止編發

一熱河地方於乾隆四十三年改設承德府其編發

軍犯地方舊表未經開載今照新定府分四

至里數核定增入

一舊表內開直隸之遵化州與順天府同河南

之陳州府許州與開封府同江西之寧都州

與贛州府同雲南之麗江府與裁汰之鶴慶

府同今據冊報道里多寡不同凡似此者俱

照現在冊開地方另行核定編發鳳凰營雞

一江蘇太倉州屬之崇明縣孤峙海心孕係產

鹽之地乾隆四十三年經該撫咨明停止安

插各省軍犯舊表內凡有應發該縣者俱另

行改編安置

一浙江之玉環廳寧波府屬之定海縣四面環

海島勢孤懸又係產鹽之地乾隆五十六年

議准停止僉發人犯今仍照原議凡各省應

發議二處者俱另行改編安置

一湖北宜昌府屬之鶴峯州長樂縣施南府屬
之恩施縣宣恩縣咸豐縣來鳳縣利川縣俱
係苗疆乾隆二十年議准停止安插軍犯今
仍照原議凡各省應發各該州縣者俱另行
改編安置

一湖南永順府屬之永順縣龍山縣保靖縣桑
植縣辰州府屬之乾州廳永綏廳鳳凰營廳
永州府屬之江華縣寶慶府屬之城步縣沅

州府屬之芷江縣靖州本州暨所屬綏寧縣

通道縣均係苗疆緊要之區乾隆三十二年

議准停發軍流人犯今仍照原議凡各省應

發各該廳州縣者俱另行改編安置

一山西平陽府所屬之霍州山東兗州府所屬

之濟寧州東昌府所屬之臨清州甘肅平凉

府所屬之涇州俱改爲直隸州貴州遵義府

所屬之仁懷通判改爲仁懷直隸同知其編

發軍犯地方舊表未經開載今一體另行增

入

一甘肅鎮西府迪化州俱係新疆改設乾隆四
十二年奏准停止安插各省軍犯今照原奏

凡各省應發該府州者俱停止編發

一四川之寧遠府雅州府龍安府茂州西陽州
敘永廳俱係附近苗疆乾隆十九年議准軍
流人犯不便與苗民雜處今仍照原議凡各
省應發各該府州廳者俱另行改編安置

一貴州之黎平府鎮遠府俱係附近苗疆乾隆

五

十二年議准不便聚積軍流人犯今仍照原

議凡各省應發各該府者俱另行改編安置

一　新疆地方於乾隆三十八年改設鎮西府廸

化直隸州其編發軍犯地方舊表未經開載

今俱照新定各府州四至里數核定增入

一　舊表內各府州縣編發軍犯地方有道里相

同者並未分晰開載今將各省何府何州何

縣逐一指明列入表內以昭詳備

一　各省安置軍犯經刑部奏准各府州人犯過

钦定五军道里表　卷

多准令匀拨数少之府州安插又经臣部奏

明各省匀拨军犯仍应按照表内道里远近

酌定派拨地方报部除顺天奉天直隶例不

安插军犯外查福建省据该抚奏明现在各

府州安置人犯均属无多毋庸酌定匀拨地

方又江西山东二省亦据该抚咨明各府州

人犯向照表截地方安置并无多寡不均毋

庸酌定匀拨地方至其余各省应行匀拨之

各府州俱按照各该省指定附近地方多寡

匀撥

江蘇省

蘇州府屬軍犯於常州府匀撥

揚州府屬軍犯於江寧府匀撥

安徽省

安慶府屬軍犯於池州府盧州府徽州府

六安州匀撥

安慶府屬軍犯於安慶府寧國府池州府

徽州府屬軍犯於安慶府寧國府池州府

匀撥

欽定五軍道里表 卷

寧國府屬軍犯於徽州府池州府太平府

匀撥

池州府屬軍犯於安慶府徽州府寧國府

匀撥

太平府屬軍犯於寧國府和州匀撥

廬州府屬軍犯於安慶府鳳陽府六安州

和州匀撥

鳳陽府屬軍犯於廬州府潁州府滁州泗

州匀撥

颍州府屬軍犯於鳳陽府六安州勻撥

六安州屬軍犯於安慶府廬州府颍州府

勻撥

滁州屬軍犯於鳳陽府和州泗州勻撥

泗州屬軍犯於鳳陽府滁州勻撥

和州屬軍犯於太平府廬州府滁州勻撥

浙江省

嘉興府屬軍犯於杭州府湖州府勻撥

台州府屬軍犯於寧波府紹興府勻撥

欽定五軍道里表　卷

温州府屬軍犯於處州府勻撥

湖北省

襄陽府屬軍犯於漢陽府德安府勻撥

湖南省

沅州府屬軍犯於常德府勻撥

山西省

潞安府屬軍犯於汾州府蒲州府勻撥

大同府朔平府寧武府吉州所屬軍犯於

平定州代州忻州沁州保德州勻撥

河南省

歸德府屬軍犯於陳州府許州光州勻撥

河南府屬軍犯於彰德府衛輝府懷慶府
勻撥

陝州屬軍犯於南陽府汝州勻撥

陝西省

西安府屬軍犯於同州府鄜州勻撥

鳳翔府屬軍犯於漢中府邠州勻撥

乾州屬軍犯於邠州勻撥

甘肅省

西寧府屬軍犯於甘州府凉州府勻撥

蘭州府屬軍犯於鞏昌府平凉府勻撥

寧夏府屬軍犯於慶陽府勻撥

四川省

成都府屬軍犯於潼川府資州邛州綿州

眉州勻撥

重慶府屬軍犯於順慶府忠州瀘州敘州

府勻撥

保寧府屬軍犯於順慶府綿州達州勻撥

順慶府屬軍犯於潼川府保寧府重慶府

忠州勻撥

敘州府屬軍犯於嘉定府資州瀘州重慶

府勻撥

夔州府屬軍犯於達州忠州順慶府重慶

府勻撥

嘉定府屬軍犯於敘州府資州眉州勻撥

潼川府屬軍犯於成都府順慶府綿州資

欽定五軍道里表 卷

州勻撥

綿州屬軍犯於成都府保寧府潼川府勻

撥

資州屬軍犯於潼川府成都府敘州府勻

撥

忠州屬軍犯於重慶府夔州府順慶府勻

眉州屬軍犯於嘉定府成都府邛州勻撥

撥

瀘州屬軍犯於敘州府重慶府勻撥

十

三四

卭州屬軍犯於成都府嘉定府眉州匀撥

撥

達州屬軍犯於保寧府順慶府蔚藜州府匀

廣東省

廣州府屬軍犯於惠州府肇慶府韶州府

匀撥

南雄府屬軍犯於韶州府匀撥

韶州府屬軍犯於南雄府廣州府惠州府

匀撥

惠州府屬軍犯於潮州府嘉應州廣州府

韶州府勻撥

潮州府屬軍犯於惠州府嘉應州勻撥

肇慶府屬軍犯於廣州府高州府勻撥

高州府屬軍犯於肇慶府廉州府雷州府

勻撥

雷州府屬軍犯於高州府廉州府勻撥

廉州府屬軍犯於高州府勻撥

羅定州屬軍犯於肇慶府高州府勻撥

十二

嘉應州屬軍犯於惠州府潮州府勻撥

廣西省

桂林府屬軍犯於平樂府柳州府勻撥

平樂府屬軍犯於桂林府梧州府柳州府

潯州府勻撥

梧州府屬軍犯於平樂府潯州府鬱林州

勻撥

潯州府屬軍犯於平樂府潯州府鬱林州

潯州府屬軍犯於南寧府梧州府柳州府

鬱林州勻撥

南寧府屬軍犯於太平府潯州府思恩府

匀撥

太平府屬軍犯於南寧府匀撥

柳州府屬軍犯於桂林府慶遠府思恩府

潯州府匀撥

慶遠府屬軍犯於柳州府思恩府匀撥

思恩府屬軍犯於南寧府柳州府匀撥

泗城府屬軍犯於鎮安府思恩府慶遠府

匀撥

鎮安府屬軍犯於泗城府勻撥

鬱林州屬軍犯於潯州府梧州府勻撥

雲南省

雲南府曲靖府澂江府武定州所屬軍犯

卽於四府州內各互相勻撥

大理府楚雄府麗江府所屬軍犯卽於三

廣府內各互相勻撥

臨安府元江州廣西州他郎通判所屬軍

犯卽於四府廳州內各互相勻撥

欽定五軍道里表　卷　十三

順寧府景東廳蒙化廳鎮沅州永平縣所

屬軍犯即於五府廳州縣內各互相勻撥

貴州省

現據該撫咨明解黔人犯向照表載之各

府州縣酌量遠近均勻派撥誠以黔省在

在苗疆情形與他省不同全在隨時調劑

勻撥與道里罪名並無不協之處若預行

酌定似成一定不易之條轉無隨時變通

之義應仍循其舊毋庸酌定地方

兵部堂官

御前大臣領侍衛內大臣太子太保議政大臣文淵閣提舉閣事兼署兵部尚書正白旗滿洲都統鑲黃戶部三庫 上聖院稽查欽奉
上諭事件處兼管工部理藩院事務總管內務府大臣鑾儀衛 掌衛事 總管健銳營官兵事務稽管
御茶膳房 養心殿造辦處 圓明園八旗官兵大臣管理 暢春園 聖花寺等處大藥局事務和碩勤郡王一等忠勇公　臣福隆安

經筵講官兵部尚書兼管國子監事務　臣蔡新

署兵部左侍郎今授倉場侍郎　臣書麟

兵部左侍郎陞任工部尚書　臣周煌

兵部左侍郎今授貴州巡撫　臣顏希深

提調官

猸護管元郎禮郎署郎中署員外郎兼管皇差藍旗漢軍副參領鑾儀衛整儀尉副勳尉知中領　臣阿肅

兵部武庫司掌印郎中陞任太僕寺少卿　臣勒保

經護官禮部署員外郎署郎中兼管皇差鑲藍旗漢軍副參領鑾儀衛整儀尉　臣銘

欽定五軍道里表　卷

兵部武庫司掌印郎中兼軍機處行走　臣　蘇楞泰

兵部車駕司郎中陞任河南陳州府知府　臣　陳步瀛

兵部武庫司主事　臣　王寬

署提調兵部武庫司郎中　臣　張燮

署提調兵部武庫司候補員外郎　臣　博明

纂修署提調兵部武庫司額外主事　臣　韓湯衡

纂修官

兵部武選司郎中陞任浙江道監察御史留部行走　臣　史夢琦

兵部武庫司員外郎　臣　福重

兵部武選司員外郎　臣　承明

兵部職方司員外郎調任戶部銀庫員外郎　臣　恒臨

兵部武選司員外郎墅任山東兗州府知府　臣　王祿朋

兵部武選司員外郎　臣　楊九思

兵部堂主事　臣　程國璽

兵部職方司額外主事　臣　陳化龍

兵部武庫司七品小京官　臣　李莘

校對官

兵部職方司員外郎　臣　武調元

兵部武選司額外主事　臣　徐長發

兵部車駕司額外主事　臣　鍾定邪

兵部職方司額外主事　臣　惲燮

兵部職方司額外主事　臣　李伯龍

兵部武選司七品小京官　臣　張裕寧

欽定五軍道里表卷之一

順天

順天府屬軍犯編發附近近邊地方

附近	近邊
東至奉天停止編發	東至抵邊不足二千五百里
南至安徽鳳陽府	南至安徽廬州府
靈壁縣	合肥縣
宿州	舒城縣
又至江蘇淮安府	又至太平府

清河縣

山陽縣

又至揚州府

寶應縣

西至山西解州

夏　縣

安邑縣

又至蒲州府

猗氏縣

又至絳州

聞喜縣

當塗縣

又至滁州

全椒縣

又至和州

又至江蘇鎮江府

丹陽縣

又至常州府

武進縣

陽湖縣

西至陝西西安府

渭南縣

北至抵邊不足二千里

以上除東北外南西俱

二千里

高陵縣

三原縣

臨潼縣

長安縣

咸寧縣

咸陽縣

北至抵邊不足二千五百里

以上除東北外南西俱二千五

百里

欽定五軍道里表

卷一

二一

順天府屬軍犯編發邊遠極邊地方

邊遠

東至抵邊不足三千里

南至安徽池州府

貴池縣

又至安慶府

懷寧縣

太湖縣

宿松縣

又至浙江杭州府

極邊

東至抵邊不足四千里

南至福建建寧府

浦城縣

又至浙江溫州府

樂清縣

又至江西吉安府

萬安縣

又至江西吉安府

西至甘肅蘭州府

欽定五軍道里表　卷一

皋蘭縣

狄道州

北至抵邊不足四千里

以上除東北外南西俱四千里

仁和縣

錢塘縣

又至嘉興府

石門縣

又至湖北黃州府

黃梅縣

西至陝西鄜州

中部縣

洛川縣

又至鳳翔府

鳳翔縣

汧陽縣

隴　州

又至邠州

長武縣

又至甘肅涇州

北至抵邊不足三千里

以上除東北外南西俱

三千里

順天府屬軍犯編發烟瘴地方

烟瘴

廣西桂林府

全州

廣東南雄府

保昌縣

始興縣

遵化州屬軍犯編發附近近邊地方

附近

東至奉天停止編發

南至山東沂州府
　郯城縣

又至江蘇徐州府
　宿遷縣

西至山西霍州
　趙城縣

又至平陽府

近邊

東至抵邊不足二千五百里

南至安徽鳳陽府
　鳳陽縣
　定遠縣

又至江蘇揚州府
　高郵州

西至山西蒲州府
　臨晉縣

欽定五軍道里表　卷一

洪洞縣	永濟縣
臨汾縣	又至陝西同州府
北至抵邊不足二千里	華陰縣
以上除東北外南西俱	北至抵邊不足二千五百里
二千里	以上除東北外南西俱二千五
	百里

遵化州屬軍犯編發邊遠極邊地方

邊遠

東至抵邊不足三千里

南至安徽太平府

蕪湖縣

又至寧國府

南陵縣

又至安慶府

桐城縣

又重江蘇常州府

極邊

東至抵邊不足四千里

南至浙江衢州府

西安縣

江山縣

又至台州府

天台縣

臨海縣

黃巖縣

欽定五軍道里表　卷一

無錫縣

金匱縣

又至蘇州府

長洲縣

元和縣

吳縣

吳江縣

震澤縣

西至陝西西安府

耀州

同官縣

又至江西臨江府

新淦縣

峽江縣

又至吉安府

吉水縣

西至甘肅鞏昌府

安定縣

北至抵邊不足四千里

以上除東北外南西俱四千里

十

醴泉縣

又至乾州

永壽縣

又至邠州

宜君縣

北至抵邊不足三千里

以上除東北外南西俱

三千里

欽定五軍道里表

卷一

遵化州屬軍犯編發烟瘴地方

烟瘴

廣西桂林府

全州

廣東南雄府

保昌縣

始興縣

欽定五軍道里表　卷一

奉天

奉天府屬軍犯編發附近近邊地方

附近	近邊
東至抵邊不足二千里	東至抵邊不足二千五百里
南至抵海不足二千里	南至抵海不足二千五百里
西至山西平定州	西至山西太原府
壽陽縣	榆次縣
北至抵邊不足二千里	徐溝縣
以上除東南北外西係	祁縣

北至抵邊不足二千五百里

以上除東南北外西係二千五

百里

奉天府屬軍犯編發邊遠極邊地方

邊遠

東至抵邊不足三千里

南至抵海不足三千里

西至山西霍州

又至平陽府

洪洞縣

趙城縣

靈石縣

臨汾縣

西至山西霍州

又至平陽府

洪洞縣蘇四共四回雜

臨汾縣〇又三千里

極邊

東至抵邊不足四千里

南至抵海不足四千里

西至陝西同州府

又至西安府

渭南縣

臨潼縣

華陰縣

華州

咸寧縣

欽定五軍道里表　卷一

長安縣

高陵縣

三原縣

耀州

醴泉縣

涇陽縣

咸陽縣

北至抵邊不足四千里

以上除東南北外西係四千里

北至抵邊不足三千里

以上除東南北外西係

三千里

奉天府屬軍犯編發烟瘴地方

烟瘴

廣西桂林府

全　州

貴州思州府

玉屏縣

欽定五軍道里表

卷二

錦州府屬軍犯編發附近近邊地方

附近

東至抵邊不足二千里

南至抵海不足二千里

西至山西太原府

榆次縣

陽曲縣

又至平定州

壽陽縣

北至抵邊不足二千里

近邊

東至抵邊不足二千五百里

南至抵海不足二千五百里

西至山西寧武府

寧武縣

神池縣

五寨縣

又至代州

崞縣

奉天

欽定五軍道里表　卷一

十三

以上除東南北外西係
二千里

又至霍州
靈石縣
趙城縣
北至抵邊不足二千五百里
以上除東南北外西係二千五
百里

錦州府屬軍犯編發邊遠極邊地方

邊遠	極邊
東至抵邊不足三千里	東至抵邊不足四千里
南至抵海不足三千里	南至抵海不足四千里
西至山西蒲州府	西至陝西邠州
猗氏縣	長武縣
臨晉縣東南二百三十里	又至延安府
永濟縣	甘泉縣
又至絳州	又至鳳翔府
又聞喜縣	汧陽縣

欽定五軍道里表 卷一

又至解州

夏縣

安邑縣

北至抵邊不足三千里

以上除東南北外西係

三千里

隴州

又至鄜州

洛川縣

又至甘肅涇州

又至平涼府

平涼縣

北至抵邊不足四千里

以上除東南北外西係四千里

錦州府屬軍犯編發烟瘴地方

烟瘴

廣西桂林府

全　州

貴州思州府

玉屏縣

直隸

保定府屬軍犯編發附近近邊地方

附近

東至山東登州府
蓬萊縣
福山縣
南至河南汝寧府
信陽州
又至湖北德安府

近邊

東至抵海不足二千五百里
南至湖北武昌府
咸寧縣
江夏縣
又至漢陽府
漢陽縣

應山縣

又至安徽廬州府

合肥縣

舒城縣

又至江蘇揚州府

高郵州

江都縣

甘泉縣

泰　州

西至陝西同州府

華陰縣

漢川縣

又至黃州府

黃岡縣

黃梅縣

又至安徽安慶府

太湖縣

宿松縣

又至江蘇蘇州府

長洲縣

元和縣

吳　縣

華　州

又至西安府

渭南縣

北至抵邊不足二千里

以上除北外東南西俱

二千里

吳江縣

震澤縣

西至甘肅慶陽府

寧　州

正寧縣

又至陝西邠州

三水縣

又至鳳翔府

扶鳳縣

岐山縣

鳳翔縣

欽定五軍道里表　卷一

又至乾州

武功縣

永壽縣

北至抵邊不足二千五百里

以上除東北外南西俱二千五

百里

保定府屬軍犯編發邊遠極邊地方

邊遠

東至抵海不足三千里

南至湖南岳州府

巴陵縣

又至湖北荊州府

江陵縣

又至江西南昌府

豐城縣

南昌縣

極邊

東至抵海不足四千里

南至福建建寧府

建陽縣

建安縣

甌寧縣

又至江西贛州府

龍南縣

又至浙江溫州府

欽定五軍道里表　卷一

新建縣

奉新縣

又至瑞州府

高安縣

又至臨江府

清江縣

又至浙江杭州府

富陽縣

又至嚴州府

桐廬縣

又至紹興府

瑞安縣

平陽縣

西至甘肅涼州府

平番縣

又至西寧府

碾伯縣

北至抵邊不足四千里

以上除東北外南西俱四千里

山陰縣

會稽縣

西至甘肅秦州

清水縣

又至平涼府

隆德縣

靜寧州

以上除東北外南西俱

北至抵邊不足三千里

三千里

保定府屬軍犯編發烟瘴地方

烟瘴

廣東南雄府

始興縣

又至韶州府

曲江縣

廣西桂林府

全州

承德府屬寄籍民人有犯軍罪者俱解回原籍

定地發遣如住久已成土著民人其編發

附近近邊地方

附近	近邊
東至抵邊停止編發	東至抵邊停止編發
南至山東沂州府	南至安徽鳳陽府
蘭山縣	靈璧縣
郯城縣	又至江蘇淮安府
西至山西霍州	
清河縣	

直隸

欽定五軍道里表　卷一

靈石縣

趙城縣

又至平陽府

洪洞縣

北至抵邊停止編發

以上除東北外南西俱

二千里

山陽縣

又至揚州府

寶應縣

西至山西解州

夏縣

安邑縣

又至蒲州府

猗氏縣

臨晉縣

北至抵邊停止編發

以上除東北外南西俱二千五

百里

承德府屬寄籍民人有犯軍罪者俱解回原籍

定地發遣如住久已成土著民人其編發

邊遠極邊地方

邊遠

東至陝邊停止編發

南至安徽廬州府

含山縣

舒城縣

又至黔州

極邊

東至抵邊停止編發

南至浙江金華府

蘭谿縣

又至衢州府

龍游縣

又至太平府　　　　　又至紹興府
當塗縣　　　　　　　嵊縣
蕪湖縣　　　　　　　新昌縣
又至江蘇常州府　　　又至台州府
異武進縣　　　　　　東天台縣
陽湖縣　　　　　　　又至江西南昌府
無錫縣　　　　　　　豐城縣
金匱縣　　　　　　　又至瑞州府
西至陝西西安府　　　高安縣
高陵縣　　　　　　　又至臨江府
三原縣　　　　　　　清江縣

耀州

臨潼縣

長安縣

咸寧縣

咸陽縣

興平縣

北至抵邊停止編發

以上除東北外南西俱

三千里

新淦縣

西至甘肅鞏昌府

會寧縣

伏羌縣

寧遠縣

北至抵邊停止編發

以上除東北外南西俱四千里

直隸

承德府屬寄籍民人有犯軍罪者俱解囘原籍

定地發遣如住久已成土著民人其編發

烟瘴地方

烟瘴

　廣西桂林府

　全　州

　廣東南雄府

　保昌縣

　始興縣

易州屬軍犯編發附近近邊地方

附近	近邊
東至山東登州府	東至抵海不足二千五百里
蓬萊縣	南至湖北武昌府
福山縣	咸寧縣
南至河南汝寧府	江夏縣
信陽州	又至漢陽府
又至湖北德安府	漢陽縣
應山縣	漢川縣
又至安徽廬州府	又至黃州府

直隸

合肥縣

舒城縣

又至江蘇揚州府

高郵州

江都縣

甘泉縣

泰　州

西至陝西同州府

華陰縣

華　州

又至西安府

又黃岡縣

黃梅縣

又至安徽安慶府

太湖縣

宿松縣

又至江蘇蘇州府

長洲縣

元和縣

吳　縣

吳江縣

震澤縣

渭南縣

北至抵邊不足二千里

以上除北外東南西俱

二千里

西至甘肅慶陽府

寧　州

正寧縣

又至陝西邠州

三水縣

又至鳳翔府

扶風縣

岐山縣

鳳翔縣東來水鎮界二十五里

又至乾州不及二千里者

武功縣

永壽縣

北至抵邊不足二千五百里

以上除東北外南西俱二千五

百里

易州屬軍犯編發邊遠極邊地方

邊遠			極邊		
東至抵海不足三千里			東至抵海不足四千里		
南至湖南岳州府			南至福建建寧府		
巴陵縣			建陽縣		
又至湖北荊州府			建安縣		
江陵縣			甌寧縣		
又至江西南昌府			又至江西贛州府		
豐城縣			龍南縣		
南昌縣			又至浙江溫州府		

鈙定五軍道里表　卷一

新建縣	瑞安縣
奉新縣	平陽縣
又至瑞州府	西至甘肅涼州府
高安縣	平番縣
又至臨江府	又至西寧府
清江縣	碾伯縣
又至浙江杭州府	北至抵邊不足四千里
富陽縣	
又至嚴州府	以上除東北外南西俱四千里
桐廬縣	
又至紹興府	

山陰縣

會稽縣

西至甘肅秦州

清水縣

又至平涼府

隆德縣

靜寧州

北至抵邊不足三千里

以上除東北外南西俱

三千里

欽定五軍道里表　卷一

易州屬軍犯編發烟瘴地方

烟瘴

廣東南雄府

　始興縣

又至韶州府

　曲江縣

廣西桂林府

　全州

今城

奉天府

盛京

興京副都統

遼陽縣

寧遠　金州

開原

黑龍江齊齊哈爾城至齊齊哈爾

永平府屬軍犯編發附近近邊地方

附近

東至抵邊不足二千里

南至山東沂州府

　蘭山縣東北七南□興

　又至濟寧州東南二十里

　　魚臺縣

　又至兗州府

　　滕縣

西至山西代州

近邊

東至抵邊不足二千五百里

南至江蘇淮安府

　桃源縣

　清河縣

　山陽縣

　又至揚州府

　　寶應縣

　又至安徽鳳陽府

崞縣

又至霍州

靈石縣

趙城縣

北至抵邊不足二千里

以上除東北外南西俱

二千里

靈壁縣

西至山西解州

夏邑縣

发邑縣

又至蒲州府

南狗氏縣

又至絳州

聞喜縣

北至抵邊不足二千五百里

以上除東北外南西俱二千五

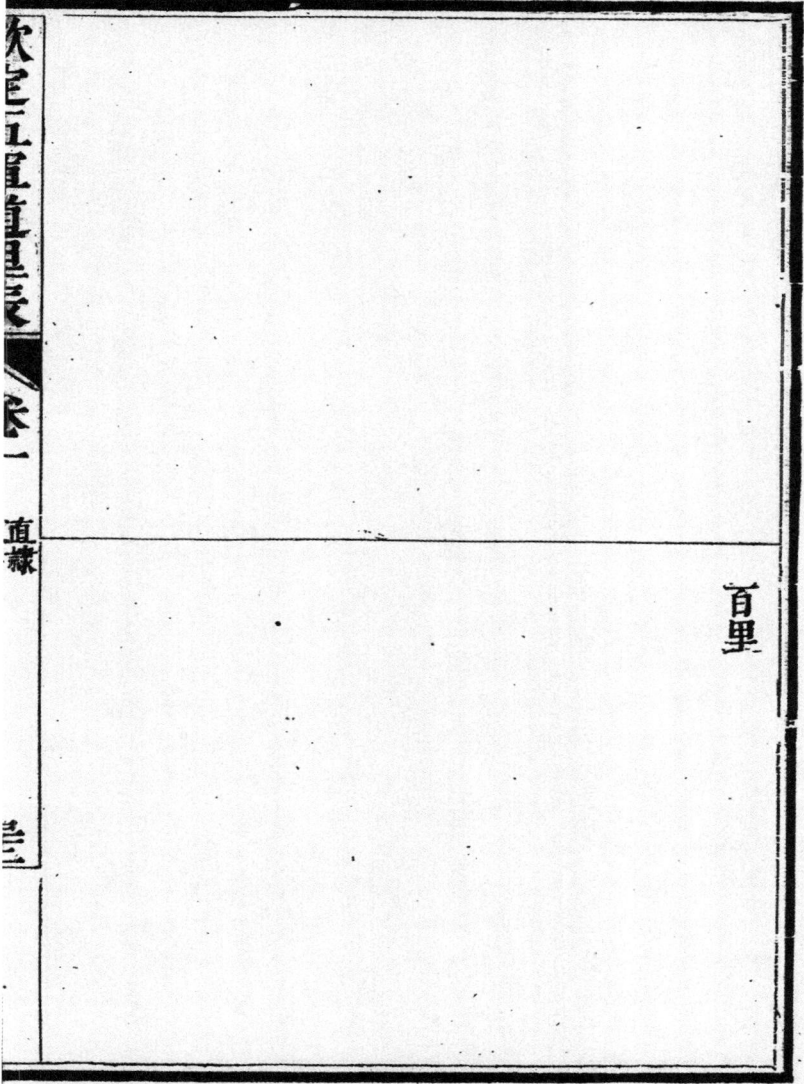

欽定五軍道里表

永平府屬軍犯編發邊遠極邊地方

邊遠		極邊	
東至抵邊不足三千里		東至抵邊不足四千里	
南至江蘇揚州府		南至浙江嚴州府	
	泰州		建德縣
又至通州		又至金華府	
	如皋縣		蘭谿縣
又至鎮江府		又至紹興府	
	丹陽縣		餘姚縣
又至常州府			嵊縣

武進縣
陽湖縣
又至安徽廬州府
合肥縣
舒城縣
西至陝西西安府
長安縣
咸寧縣
臨潼縣
渭南縣
咸陽縣

新昌縣
又至寧波府
慈谿縣
又至衢州府
龍游縣
又至江西南昌府
南昌縣
新建縣
豐城縣
奉新縣
又至瑞州府

高陵縣

三原縣

北至抵邊不足三千里

以上除東北外南西俱

三千里

高安縣

又至臨江府

清江縣

西至甘肅平凉府

靜寧州

又至肇昌府

會寧縣

伏羌縣

又至秦州

北至抵邊不足四千里

以上除東北外南西俱四千里

直隸

永平府屬軍犯編發烟瘴地方

烟瘴

廣西桂林府

全　州

貴州思州府

玉屏縣

欽定五軍道里表

卷一

河間府屬軍犯編發附近近邊地方

附近	近邊
東至山東登州府	東至抵海不足二千五百里
〔丙〕福山縣	南至浙江嘉興府
寧海州	嘉興縣
南至江蘇揚州府	秀水縣
泰州	〔某〕石門縣
江都縣	又至江西九江府
甘泉縣	德化縣
又至鎮江府	〔西〕德安縣

欽定五軍道里表　卷一

丹徒縣

丹陽縣

又至安徽廬州府

舒城縣

又至安慶府

桐城縣

西至陝西同州府

大荔縣

華陰縣

華州

又至西安府

西至陝西乾州

永壽縣

武功縣

又至邠州

長武縣

又至鳳翔府

扶風縣

岐山縣

鳳翔縣

又至鄜州

宜君縣

渭南縣

北至抵邊不足二千里

以上除北外東南西俱

二千里

中部縣

北至抵邊不足二千五百里

以上除東北外南西俱二千五

百里

河間府屬軍犯編發邊遠極邊地方

邊遠

東至抵海不足三千里

南至浙江嚴州府
桐廬縣
建德縣
又至金華府
蘭谿縣
又至紹興府
嵊縣

極邊

東至抵海不足四千里

南至浙江溫州府
泰順縣
又至福建福寧府
福鼎縣
霞浦縣
又至建寧府
建安縣

欽定五軍道里表 卷一

新昌縣

又至江西臨江府
清江縣
新淦縣
峽江縣

西至甘肅涇州
崇信縣

又至平涼府
隆德縣
靜寧縣
固原州

甌寧縣

又至延平府
南平縣

又至江西贛州府
龍南縣

西至甘肅涼州府
平番縣

又至西寧府
碾伯縣

北至抵邊不足四千里

以上除東北外南西俱四千里

又至泰州

清水縣

北至抵邊不足三千里

以上除東北外南西俱

三千里

欽定五軍道里表

卷一

河間府屬軍犯編發煙瘴地方

烟瘴

廣西桂林府

全州

貴州平越府

黄平州

又至都匀府

清平縣

天津府屬軍犯編發附近近邊地方

附近	近邊
東至山東登州府	東至抵海不足二千五百里
棲霞縣	南至江蘇常州府
蓬萊縣	無錫縣
南至江蘇揚州府	金匱縣
高郵州	又至蘇州府
寶應縣	長洲縣
又至安徽廬州府	元和縣
合肥縣	吳 縣

欽定五軍道里表　卷一

西至山西平陽府

曲沃縣

又至絳州

聞喜縣

北至抵邊不足二千里

以上除北外東南西俱

二千里

吳江縣

震澤縣

又至安徽安慶府

太湖縣

又至湖北黃州府

宿松縣

黃梅縣

西至陝西同州府

大荔縣

華陰縣

華　州

四三

直隸

又至西安府

渭南縣

北至抵邊不足二千五百里

以上除東北外南西俱二千五

百里

天津府屬軍犯編發邊遠極邊地方

邊遠	極邊
東至抵海不足三千里	東至抵海不足四千里
南至浙江杭州府	南至浙江溫州府
仁和縣	瑞安縣
錢塘縣	永嘉縣
富陽縣	平陽縣
又至紹興府	又至福建建寧府
蕭山縣	建陽縣
山陰縣	又至江西贛州府

欽定五軍道里表　卷一

會稽縣

又至江西南昌府

南昌縣

新建縣

豐城縣

奉新縣

又至南康府

安義縣

又至瑞州府

高安縣

西至陝西乾州

西至甘肅蘭州府

皋蘭縣

金　縣

又至鞏昌府

安定縣

信豐縣

北至抵邊不足四千里

以上除東北外南西俱四千里

武功縣

永壽縣

又至鳳翔府

扶風縣

岐山縣

鳳翔縣

又至邠州

長武縣

至水縣

又至鄜州

宜君縣

欽定五軍道里表　卷一

中部縣

又至甘肅慶陽府

正寧縣

寧　州

北至抵邊不足三千里

以上除東北外南西俱

三千里

天津府屬軍犯編發烟瘴地方

烟瘴

廣西桂林府

全州

廣東南雄府

保昌縣

天津府領縣六州一

正定府屬軍犯編發附近近邊地方

附近

東至江蘇揚州府
　江都縣
　甘泉縣
又至鎮江府
　丹陽縣
　丹徒縣
南至湖北漢陽府
　孝感縣

近邊

東至江蘇蘇州府
　又吳江縣
　震澤縣
又至浙江嘉興府
　嘉興縣
　秀水縣
南至湖北安陸府
　天門縣

黃陂縣	潛江縣
又至德安府	又至武昌府
雲夢縣	蒲圻縣
西至陝西西安府	又至黃州府
又咸陽縣	蘄州
醴泉縣	西至甘肅涇州
長安縣	又至平涼府
咸寧縣	平涼縣
三原縣	又至陝西鳳翔府
耀州	隴州
同官縣	又至延安府
五至	

涇陽縣

興平縣

又至邠州

淳化縣

又至乾州

北至抵邊不足二千里

以上除北外東南西俱

二千里

甘泉縣

又至鄜州

北至抵邊不足二千五百里

以上除北外東南西俱二千五

百里

正定府屬軍犯編發邊遠極邊地方

邊遠	極邊
東至浙江嚴州府	東至浙江溫州府
桐廬縣	樂清縣
建德縣	永嘉縣
南至湖南長沙府	瑞安縣
湘陰縣	南至福建建寧府
長沙縣	建陽縣
善化縣	建安縣
又至澧州	既寧縣

鈙定五軍道里表　卷一

又至江西南康府
安義縣
又至南昌府
奉新縣
又至瑞州府
高安縣
西至甘肅鞏昌府
會寧縣
安定縣
伏羌縣
寧遠縣

又至江西贛州府
信豐縣
西至甘肅涼州府
武威縣
永昌縣
北至抵邊不足四千里
以上除北外東南西俱四千里

隴西縣

北至抵邊不足三千里

以上除北外東南西俱

三千里

正定府屬軍犯編發烟瘴地方

烟瘴

廣東南雄府

始興縣

又至韶州府

曲江縣

定州	冀州	趙州	深州屬軍犯編發附近近邊地方		
			附近	近邊	
			東至江蘇揚州府	東至江蘇蘇州府	
			江都縣	吳江縣	
			甘泉縣	震澤縣	

又至鎮江府　　　　　　　　又至浙江嘉興府

丹徒縣　　　　　　　　　　嘉興縣

丹陽縣　　　　　　　　　　秀水縣

南至湖北漢陽府　　　　　　南至湖北安陸府

孝感縣　　　　　　　　　　天門縣

黃陂縣　　　　　　　　　　潛江縣

又至德安府　　　　　　　　又至武昌府

雲夢縣　　　　　　　　　　蒲圻縣

西至陝西西安府　　　　　　又至黃州府

咸陽縣　　　　　　　　　　蘄　州

醴泉縣　　　　　　　　　　西至甘肅涇州

長安縣

咸寧縣

三原縣

耀州

同官縣

涇陽縣

興平縣

又至邠州

淳化縣

又至乾州

北至抵邊不足二千里

又至平凉府

平凉縣

又至陝西鳳翔府

隴州

又至延安府

甘泉縣

又至鄜州

北至抵邊不足二千五百里

以上除北外東南西俱二千五

百里

林
峡上陳北郊東南西俱

至莘里

敦方淵
臾口淵
史卬淵
西禄淵
同昌淵
蕈阝
三泗淵
禽軍淵
昆夋淵

里

深州屬軍犯編發邊遠極邊地方	趙州	冀州	定州
邊遠			
東至浙江嚴州府			
桐廬縣			
建德縣			
極邊			
東至浙江溫州府			
樂清縣			
永嘉縣			

南至湖南長沙府

湘陰縣

長沙縣

善化縣

又至澧州

又至江西南康府

安義縣

又至南昌府

奉新縣

又至瑞州府

高安縣

瑞安縣

南至福建建寧府

建陽縣

建安縣

甌寧縣

又至江西贛州府

信豐縣

西至甘肅涼州府

武威縣

永昌縣

北至抵邊不足四千里

西至甘肅鞏昌府

會寧縣

安定縣

伏羌縣

寧遠縣

隴西縣

北至抵邊不足三千里

以上除北外東南西俱

三千里

以上除北外東南西俱四千里

直隸

欽定五軍道里表

卷一

定州	冀州	趙州	深州屬軍犯編發烟瘴地方	
			烟瘴	廣東南雄府 始興縣 又至韶州府

欽定五軍道里表

卷一

曲江縣

順德府屬軍犯編發附近近邊地方

附近	近邊
東至江蘇鎮江府	東至江蘇太倉州
丹陽縣	嘉定縣
又至常州府	南至湖南岳州府
武進縣	巴陵縣
陽湖縣	又至湖北荊州府
南至湖北武昌府	江陵縣
武昌縣	又至江西九江府
江夏縣	德化縣

又至漢陽府

漢陽縣

　至　漢川縣

又至黃州府

黃岡縣

西至陝西乾州

永壽縣

又至邠州

長武縣

三水縣

又至鳳翔府

西至甘肅平涼府

固原州

隆德縣

靜寧州

又至秦州

清水縣

北至抵邊不足二千五百里

以上除北外東南西俱二千五

百里

扶風縣

岐山縣

鳳翔縣

又至鄜州

宜君縣

中部縣

又至甘肅慶陽府

正寧縣

北至抵邊不足二千里

以上除北外東南西俱

二千里

欽定五軍道里表

卷一

順德府屬軍犯編發邊遠極邊地方

邊遠

東至浙江嚴州府

　建德縣

又至金華府

　蘭谿縣

　金華縣

南至湖南長沙府

　湘潭縣

　醴陵縣

極邊

東至浙江溫州府

　泰順縣

南至江西贛州府

　龍南縣

西至甘肅涼州府

　武威縣

　永昌縣

北趯抵邊不足四千里具四十里

又至衡州府

衡山縣

又至江西臨江府

清江縣

新淦縣

又至峽江縣

隴西縣

西至甘肅鞏昌府

安定縣

北至抵邊不足三千里

以上除北外東南西俱

以上除北外東南西俱四千里

三千里

直隸

欽定五軍道里表

卷

順德府屬軍犯編發烟瘴地方

烟瘴

廣西桂林府

臨桂縣

靈川縣

廣東韶州府

曲江縣

欽定五軍道里表　卷一

玄

廣平府屬軍犯編發附近近邊地方

附近

東至江蘇常州府

無錫縣

又金匱縣

又至蘇州府

又長洲縣

吳縣

元和縣

長洲縣

南至湖北黃州府

近邊

東至浙江紹興府

蕭山縣

又山陰縣

會稽縣

又至杭州府

仁和縣

錢塘縣

南至湖南長沙府

欽定五軍道里表　卷一

黃岡縣

蘄水縣

蘄州

又至漢陽府

漢川縣

又至武昌府

咸寧縣

又至安徽安慶府

潛山縣

太湖縣

宿松縣

湘陰縣

又至湖北荊州府

公安縣

又至江西南康府

安義縣

又至南昌府

奉新縣

又至瑞州府

高安縣

西至甘肅平涼府

靜寧州

西至陝西鄜州　　　　　又至鞏昌府

　洛川縣　　　　　　　　會寧縣

又至鳳翔府　　　　　　　伏羌縣

　鳳翔縣　　　　　　　又至秦州

　汧陽縣　　　　　　北至抵邊不足二千五百里

　隴　州　　　　　以上除北外東南西俱二千五

又至邠州　　　　　　　百里

　長武縣

又至甘肅涇州

北至抵邊不足二千里

以上除北外東南西俱

二千里

廣平府屬軍犯編發邊遠極邊地方

邊遠	極邊
東至浙江台州府	東至浙江處州府
天台縣	景寧縣
臨海縣	南至江西贛州府
南至湖南長沙府	安遠縣
攸縣	西至甘肅涼州府
又至衡州府	永昌縣
衡山縣	鎮番縣
衡陽縣	又至甘州府

直隸

清泉縣

又至江西吉安府

盧陵縣

泰和縣

萬安縣

西至甘肅蘭州府

金　縣

皐蘭縣

北至抵邊不足三千里

以上除北外東南西俱

三千里

山丹縣

北至抵邊不足四千里

以上除北外東南西俱四千里

廣平府屬軍犯編發烟瘴地方

烟瘴

廣東韶州府

英德縣

貴州安順府

普定縣

鎮寧州

永寧州

大名府屬軍犯編發附近近邊地方

附近　　　　　　　近邊

東至江蘇太倉州　　東至浙江紹興府

鎮洋縣　　　　　　嵊縣

又至蘇州府　　　　新昌縣

崑山縣　　　　　　南至湖南澧州

新陽縣　　　　　　又至長沙府

南至湖北武昌府　　湘陰縣

咸寧縣　　　　　　又至湖北荆州府

蒲圻縣　　　　　　公安縣

錦定五軍道里表　卷一

又至安陸府
天門縣
又至黃州府
蘄水縣
蘄　州
西至陝西鄜州
洛川縣
又至延安府
甘泉縣
又至鳳翔府
汧陽縣

又至江西九江府
德安縣
又至南康府
建昌縣
安義縣
又至南昌府
南昌縣
新建縣
西至甘肅鞏昌府
會寧縣
伏羌縣

隴　州

又至甘肅涇州

北至本省停止編發

以上除北外東南西俱

二千里

寧遠縣

北至抵邊不足二千五百里

以上除北外東南西俱二千五

百里

大名府屬軍犯編發邊遠極邊邊地方

邊遠

東至浙江台州府

黃巖縣

西太平縣蒲圻縣

南至湖南衡州府

衡陽縣

清泉縣

又衡山縣青泉縣

又至長沙府

極邊

東至抵海不足四千里

南至福建延平府

永安縣

沙　縣

西至甘肅甘州府

山丹縣

又至涼州府廟北抵涼西馬四十里

北領普縣不足四十里

北至抵邊不足四千里

以上除東北外南西俱四千里

攸縣

又至江西吉安府

吉水縣

廬陵縣

泰和縣

西至甘肅蘭州府

金縣

皐蘭縣

北至抵邊不足三千里

以上除北外東南西俱

三千里

大名府屬軍犯編發烟瘴地方

烟瘴

廣東廣州府

清遠縣

三水縣

貴州安順府

安平縣

普定縣

鎮寧州

欽定五軍道里表　卷一

宣化府屬軍犯編發附近近邊地方

附近

東至奉天停止編發

南至山東沂州府
郯城縣
又至安徽鳳陽府
宿州
西至山西平陽府
臨汾縣
又洪洞縣

近邊

東至奉天停止編發

南至江蘇揚州府
寶應縣
高郵州
又至安徽廬州府
合肥縣
西至山西蒲州府
猗氏縣

直隸

又至霍州

趙城縣

北至抵邊不足二千里

以上除東北外南西俱

二千里

臨晉縣

永濟縣

北至抵邊不足二千五百里

以上除東北外南西俱二千五

百里

宣化府屬軍犯編發邊遠極邊地方

邊遠	極邊
東至抵邊不足三千里	東至抵邊不足四千里
南至江蘇通州	南至浙江衢州府
如皋縣	龍游縣
又至常州府	西安縣
無錫縣	江山縣
金匱縣	又至台州府
又至蘇州府	天台縣
長洲縣	臨海縣

鈙定五軍道里表　卷一	
元和縣	黃巖縣
吳縣	又至江西吉安府
吳江縣	泰和縣
震澤縣	萬安縣
又至安徽安慶府	西至甘肅鞏昌府
潛山縣	會寧縣
太湖縣	安定縣
宿松縣	寧遠縣
西至陝西西安府	隴西縣
長安縣	北至抵邊不足四千里
咸寧縣	以上除東北外南西俱四千里

涇陽縣

咸陽縣

醴泉縣

耀州

同官縣

興平縣

又至邠州

淳化縣

又至鄜州褒斜

水宜君縣

又至宜君縣

直隸

又武功縣

北至抵邊不足三千里

又以里除東北外南西俱

一千里

宣化府屬軍犯編發烟瘴地方

烟瘴

廣西桂林府

全　州

貴州思州府

玉屏縣

青溪縣

張家口理事廳

獨石口理事廳

多倫諾爾理事廳以上三廳所管民人如有住

久已成土著犯軍罪者其編發附近近邊

地方

附近　　　近邊

東至奉天停止編發　東至奉天停止編發

南至山東沂州府　　南至江蘇揚州府

郯城縣　　　　　　寶應縣

直隸

欽定五軍道里表　卷一

又至安徽鳳陽府

宿　州

西至山西平陽府

臨汾縣

洪洞縣

又至霍州

趙城縣

北至抵邊不足二千里

以上除東北外南西俱

二千里

高郵州

又至安徽廬州府

合肥縣

西至山西蒲州府

猗氏縣

臨晉縣

永濟縣

北至抵邊不足二千五百里

以上除東北外南西俱二千五

百里

張家口理事廳

獨石口理事廳

多倫諾爾理事廳以上三廳所管民人如有住

久已成土著犯軍罪者其編發邊遠極邊

地方

邊遠	極邊
東至抵邊不足三千里	東至抵邊不足四千里
南至江蘇通州	南至浙江衢州府
如皋縣	龍游縣

又至常州府
無錫縣
金匱縣
又至蘇州府
長洲縣
元和縣
吳縣
吳江縣
震澤縣
又至安徽安慶府
潛山縣

西安縣
江山縣
又至台州府
天台縣
臨海縣
黃巖縣
又至江西吉安府
泰和縣
萬安縣
西至甘肅鞏昌府
會寧縣

太湖縣

宿松縣

西至陝西西安府

長安縣

咸寧縣

涇陽縣

又咸陽縣

醴泉縣

耀州

又三原縣

同官縣

又興平縣

安定縣

寧遠縣

隴西縣

北至抵邊不足四千里

以上除東北外南西俱四千里

又至邠州

淳化縣

又至鄜州

宜君縣

又至乾州

武功縣

北至抵邊不足三千里

以上除東北外南西俱

三千里

張家口理事廳

獨石口理事廳　一

多倫諾爾理事廳以上三廳所管民人如有住

久已成土著犯軍罪者其編發烟瘴地方

烟瘴

廣西桂林府

全州

貴州思州府

玉屏縣

青溪縣

欽定五軍道里表卷之二

江蘇

江寧府屬軍犯編發附近近邊地方

附近

東至浙江溫州府
平陽縣
瑞安縣
南至福建建寧府
建陽縣

近邊

東至福建福州府
古田縣
南至抵海不足二千五百里
西至陝西西安府
興平縣

欽定五軍道里表　卷二　　江蘇　　一

欽定五軍道里表　卷二

西至河南陝州

靈寶縣

閱鄉縣

又至陝西同州府

華陰縣

北至山東青州府

安邱縣

以上俱二千里

醴泉縣

耀　州

同官縣

又至乾州

武功縣

永壽縣

又至鳳翔府

扶風縣

又至鄜州

宜君縣

北至直隸停止編發

二

以上除南北外東西俱二千五
百里

欽定五軍道里表　　卷二

江寧府屬軍犯編發邊遠極邊地方

邊遠			極邊		
東至福建汀州府			東至廣東肇慶府		
長汀縣			陽江縣		
上杭縣			陽春縣		
南至抵海不足三千里			南至抵海不足四千里		
西至陝西鳳翔府			西至甘肅蘭州府		
隴州			皋蘭縣		
又至甘肅秦州			又至涼州府		
清水縣			平番縣		

欽定五軍道里表　卷二

古浪縣

北至直隸停止編發

以上除南北外東西俱四千里

又至平涼府

平涼縣

北至順天停止編發

以上除南北外東西俱

三千里

三

江寧府屬軍犯編發烟瘴地方

烟瘴

廣東高州府

茂名縣

電白縣

廣西柳州府

馬平縣

柳城縣

貴州貴陽府

貴定縣

欽定五軍道里表 卷二

平越縣

又至平越府

龍里縣

蘇州府屬軍犯編發附近近邊地方

附近	近邊
東至抵海不足二千里	東至抵海不足二千五百里
南至福建福州府	南至抵海不足二千五百里
古田縣	西至河南陝州
西至河南開封府	靈寶縣
禹州	閺鄉縣
北滎陽縣	又至陝西同州府
又至河南府	北大荔縣
華陰縣	朝邑縣

華陰縣

北至直隸停止編發

以上除東南北外西係二千五
百里

偃師縣

洛陽縣

北至山東濟南府

禹城縣

平原縣

陵　縣

德　州

又至東昌府

恩　縣

以上除東外南西北俱
二千里

蘇州府屬軍犯編發邊遠極邊地方

邊遠	極邊
東至抵海不足三千里	東至抵海不足四千里
南至抵海不足三千里	南至抵海不足四千里
西至陝西西安府	西至甘肅肇昌府
咸陽縣	會寧縣
醴泉縣	安定縣
興平縣	又至蘭州府
同官縣	金縣
又至乾州	北至山西大同府

天武功縣

永壽縣

又至鳳翔府

扶風縣

又至郿州

宜君縣

北至直隸停止編發

以上除東南北外西係

三千里

天鎮縣　大同府

以上除東南外西北俱四千里

蘇州府屬軍犯編發烟瘴地方

烟瘴

廣東廣州府

三水縣

又至肇慶府

高要縣

欽定五軍道里表

卷二

太倉州屬軍犯編發附近近邊地方

附近

東至抵海不足二千里

南至福建福州府
古田縣

西至河南開封府
禹州
滎陽縣
又至河南府
鞏縣

近邊

東至抵海不足二千五百里

南至抵海不足二千五百里

西至河南陝州
靈寶縣
閺鄉縣
又至陝西同州府
大荔縣
朝邑縣

偃師縣

洛陽縣

北至山東濟南府

禹城縣

平原縣

陵縣

德州

又至東昌府

恩縣

以上除東外南西北俱

二千里

華陰縣

北至直隸停止編發

以上除東南北外西係二千五

百里

太倉州屬軍犯編發邊遠極邊地方

邊遠	極邊
東至抵海不足三千里	東至抵海不足四千里
南至抵海不足三千里	南至抵海不足四千里
西至陝西西安府	西至甘肅鞏昌府
咸陽縣	會寧縣
醴泉縣	安定縣
興平縣	又至蘭州府
同官縣	金　縣
又至乾州	北至山西大同府

鈐定五軍道里表　卷二

武功縣
永壽縣
又至鳳翔府
扶風縣
又至鄜州
宜君縣
北至直隸停止編發
以上除東南北外西係
三千里

天鎮縣
以上除東南外西北俱四千里

九

太倉州屬軍犯編發烟瘴地方

烟瘴

廣東廣州府

三水縣

又至肇慶府

高要縣

欽定五軍道里表

卷二

松江府屬軍犯編發附近近邊地方

附近	近邊
東至抵海不足二千里	東至抵海不足二千五百里
南至抵海不足二千里	南至抵海不足二千五百里
西至河南開封府	西至河南河南府
祥符縣	新安縣
中牟縣	嵩　縣
小鄭州	澠池縣
鄢陵縣	北至直隸停止編發
滎澤縣	以上除東南北外西係二千五

欽定五軍道里表　卷二

又至陳州府

扶溝縣

北至山東泰安府

肥城縣

東阿縣

又至濟南府

長清縣

齊河縣

又至東昌府

荏平縣

高唐州

百里

以上除東南外西北俱
二千里

欽定五軍道里表

卷二

松江府屬軍犯編發邊遠極邊地方

邊遠	極邊
東至抵海不足三千里	東至抵海不足四千里
南至抵海不足三千里	南至抵海不足四千里
西至山西太原府	西至甘肅秦州
祁縣	禮縣
徐溝縣	又至平涼府 靜寧州
又至陝西西安府	
渭南縣	北至山西大同府
臨潼縣	陽高縣

鍬定五軍道里表　卷二

長安縣

咸寧縣

咸陽縣

高陵縣

三原縣

北至順天停止編發

以上除東南北外西係

三千里

天鎮縣

以上除東南外西北俱四千里

十三

松江府屬軍犯編發烟瘴地方

烟瘴

廣西桂林府

全　州

興安縣

欽定五軍道里表

卷二

常州府屬軍犯編發附近近邊地方

附近

東至福建福州府

古田縣

南至福建建寧府

建安縣

甌寧縣

又至延平府

南平縣

西至河南河南府

近邊

東至福建福州府

侯官縣

閩　縣

閩清縣

南至抵海不足二千五百里

西至陝西同州府

華　州

華陰縣

新安縣

澠池縣

北至山東濟南府

陵　縣

德平縣

又至武定府

樂陵縣

以上俱二千里

又至西安府

渭南縣

臨潼縣

高陵縣

北至直隸停止編發

以上除南北外東西俱二千五
百里

常州府屬軍犯編發邊遠極邊地方

邊遠

東至抵海不足三千里

南至抵海不足三千里

西至陝西鳳翔府

扶風縣

岐山縣

鳳翔縣

又渭陽縣

又氣□縣

極邊

東至抵海不足四千里

南至抵海不足四千里

西至甘肅鞏昌府

安定縣

又至蘭州府

金縣

皐蘭縣

北至直隸傳□編發□□□

江蘇

欽定五軍道里表

又長武縣
又至廓州
中部縣
洛川縣
以上除東南北外西係
北至直隸兼停止編發

南三千里不足三千里

北以上除東南北外西係四千里

常州府屬軍犯編發烟瘴地方

烟瘴

貴州平越府

黃平州

鎮江府屬軍犯編發附近近邊地方

附近	近邊
東至福建建寧府	東至抵海不足二千五百里
建陽縣	南至福建福州府
建安縣	閩清縣
甌寧縣	古田縣
南至福建延平府	西至陝西西安府
南平縣	長安縣
西至河南河南府	咸寧縣
澠池縣	咸陽縣

嵩縣

又至陝州

靈寶縣

北至直隸停止編發

以上除北外東南西俱

二千里

臨潼縣

興平縣

醴泉縣

高陵縣

三原縣

耀州

同官縣

又至山西霍州

靈石縣

又至蒲州府

猗氏縣

臨晉縣

永濟縣

北至順天停止編發

以上除東北外南西俱二千五

百里

欽定五軍道里表

卷二

鎮江府屬軍犯編發邊遠極邊地方

邊遠	極邊
東至抵海不足三千里	東至抵海不足四千里
南至抵海不足三千里	南至抵海不足四千里
西至陝西鳳翔府	西至甘肅蘭州府
鳳翔縣	金　縣
汧陽縣	皇蘭縣
隴　州	又至涼州府
又至延安府	平番縣
甘泉縣	北至抵邊不足四千里

虜施縣

又至甘肅秦州

清水縣

北至直隸停止編發

以上除東南北外西係

三千里

以上除東南北外西係四千里

鎮江府屬軍犯編發烟瘴地方

烟瘴

貴州都勻府

清平縣

又至平越府

平越縣

、廣西平樂府

平樂縣

昭平縣

又柳州府

欽定五軍道里表　卷二

又雒容縣

馬平縣

淮安府屬軍犯編發附近近邊地方

附近	近邊
東至抵海不足二千里	東至抵海不足二千五百里
南至福建建寧府	南至福建建寧府
浦城縣	建安縣
又至江西瑞州府	甌寧縣
	又至延平府
高安縣	南平縣
又至臨江府	又至江西吉安府
清江縣	萬安縣
新淦縣	

西至河南陝州

靈寶縣

閿鄉縣

又至河南府

嵩　縣

北至順天停止編發

以上除東北外南西俱

二千里

西至陝西西安府

富平縣

三原縣

涇陽縣

耀　州

同官縣

咸陽縣

興平縣

醴泉縣

又至乾州

武功縣

北至直隸停止編發

以上除東北外南西俱二千五

百里

欽定五軍道里表

卷二

淮安府屬軍犯編發邊遠極邊地方

邊遠	極邊
東至抵海不足三千里	東至抵海不足四千里
南至福建福州府	南至廣東廣州府
閩清縣	清遠縣
侯官縣	三水縣
閩　縣	西至甘肅蘭州府
又至江西南安府	皐蘭縣
大庾縣	又至涼州府
又至廣東南雄府	平番縣

欽定五軍道里表　卷二

保昌縣

西至陝西延安府

膚施縣

安塞縣

甘泉縣

又至漢中府

鳳　縣

又至鳳翔府

隴　州

又至甘肅平涼府

平涼縣

北至抵邊不足四千里

以上除東北外南西俱四千里

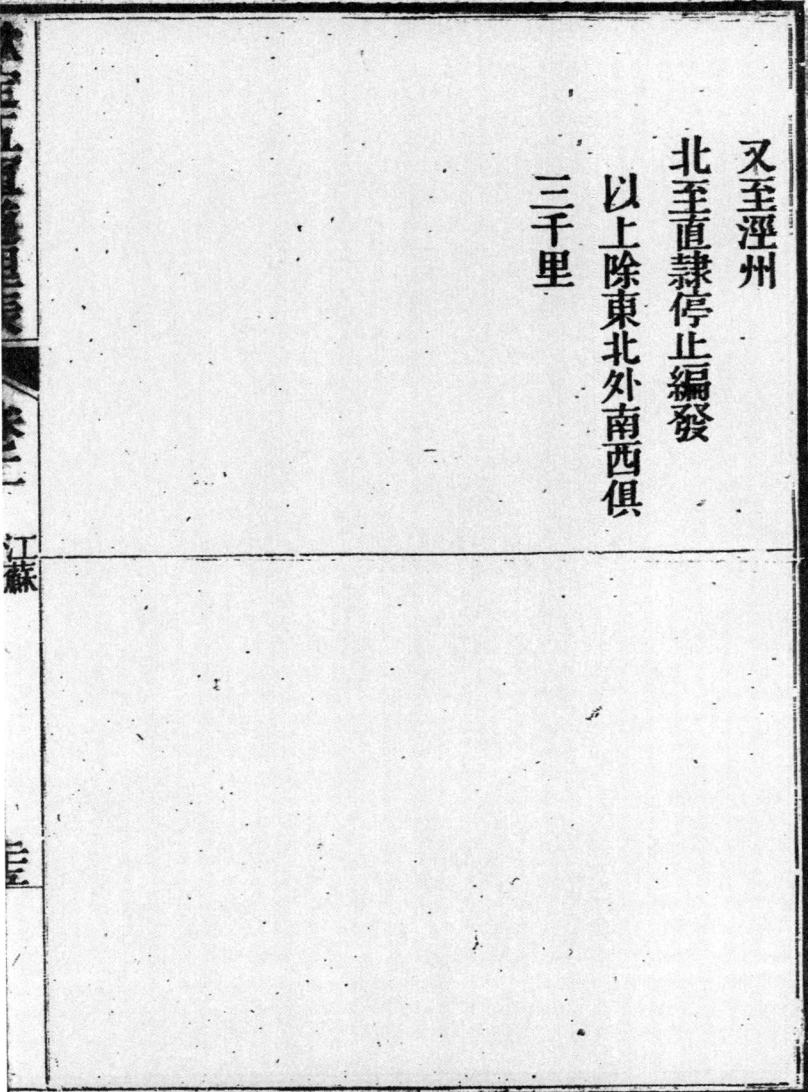

又至溧州

北至直隸停止編發

以上除東北外南西俱

三千里

江蘇

淮安府屬軍犯編發烟瘴地方

烟瘴

貴州思州府

玉屏縣

青溪縣

欽定五軍道里表

卷二

海州屬軍犯編發附近近邊地方

附近	近邊
東至抵海不足二千里	東至抵海不足二千五百里
南至福建建寧府	南至福建建寧府
又至浦城縣	建安縣
北至　　縣	甌寧縣
又至江西瑞州府	又至延平府
又至高安縣	南平縣
又至臨江府	又至江西吉安府
清江縣	萬安縣
西新淦縣	

欽定五軍道里表 卷二

西至河南陝州

　靈寶縣

　又閿鄉縣

又至河南府

　嵩　縣

北至順天停止編發

右以上除東北外南西俱

二千里

西至陝西西安府

　富平縣

　三原縣

　涇陽縣

　耀　州

　同官縣

　咸陽縣

　興平縣

　醴泉縣

又至乾州

　武功縣

江蘇

北至直隸停止編發
以上除東北外南西俱二千五
百里

海州屬軍犯編發邊遠極邊地方

邊遠	極邊
東至抵海不足三千里	東至抵海不足四千里
南至福建福州府	南至廣東廣州府
又閩清縣	清遠縣
侯官縣	三水縣
閩縣	西至甘肅蘭州府
又至江西南安府	皋蘭縣
西大庾縣	又至涼州府
又至廣東南雄府	平番縣

江蘇

保昌縣　　　　　　　　　　北至抵邊不足四千里

西至陝西延安府　　　　　以上除東北外南西俱四千里

膚施縣

安塞縣

甘泉縣

又至漢中府

鳳縣

又至鳳翔府

隴州

又至甘肅平涼府

平涼縣

又至涇州

北至直隸停止編發

以上除東北外南西俱

三千里

江蘇

海州屬軍犯編發煙瘴地方

烟瘴

貴州思州府

　玉屏縣

青溪縣

扬州府属军犯编发附近近边地方

附近	近边
东至抵海不足二千里	东至抵海不足二千五百里
南至福建建宁府	南至福建福州府
建阳县	古田县
建安县	闽清县
瓯宁县	又至江西赣州府
又至江西吉安府	赣县
吉水县	又至南安府
庐陵县	南康县

江苏

欽定五軍道里表　卷二

泰和縣

西至河南陝州

靈寶縣

又至河南府

澠池縣

嵩縣

北至直隸停止編發

以上除東北外南西俱

二千里

西至山西太原府

祁縣

徐溝縣

太原縣

又至陝西西安府

臨潼縣

長安縣

咸寧縣

咸陽縣

高陵縣

三原縣

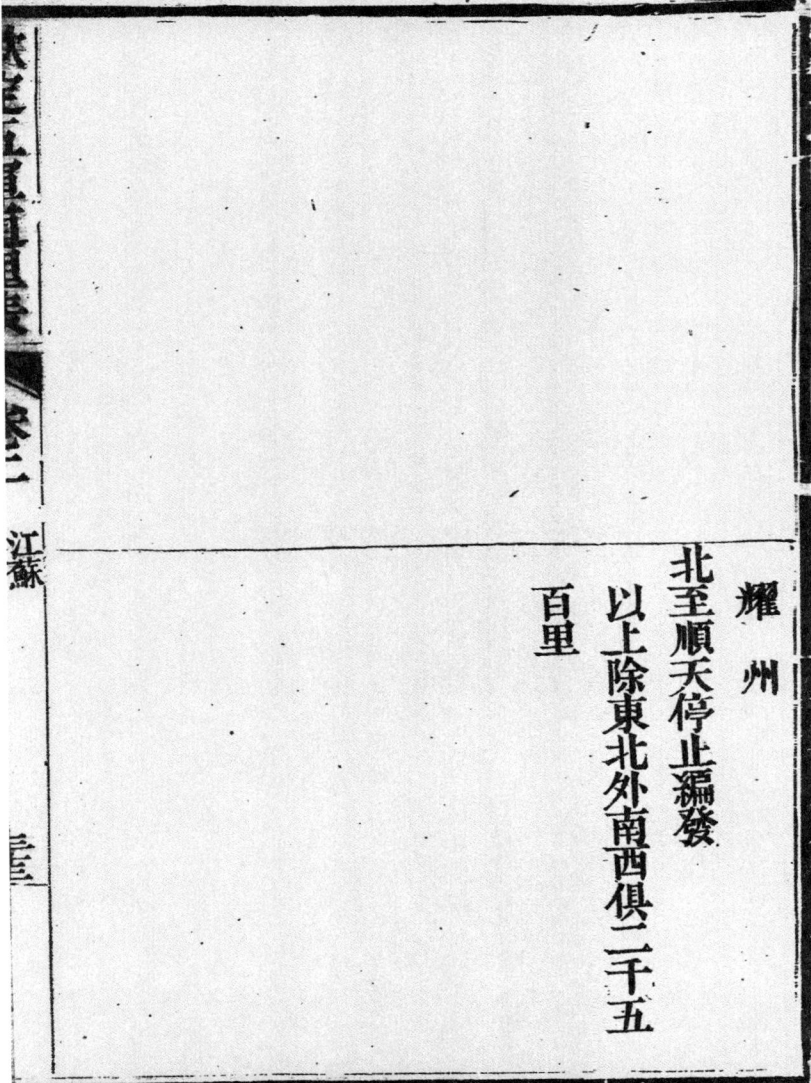

耀州

北至順天停止編發

以上除東北外南西俱二千五

百里

扬州府属軍犯編發邊遠極邊地方

邊遠

東至抵海不足三千里

南至福建福州府

福清縣

又至興化府

莆田縣

又至廣東韶州府

曲江縣

西至陝西鳳翔府

極邊

東至抵海不足四千里

南至抵海不足四千里

西至甘肅蘭州府

金　縣

阜蘭縣

又至涼州府

平番縣

北至抵邊不足四千里

欽定五軍道里表　卷二

以上除東南北外酉係四千里

鳳翔縣

汧陽縣

又至隴貴州

寶雞縣

又至延安府

甘泉縣

南至膚施縣

又至鄜州

又至甘肅涇州

北至直隸停止編發

以上除東北外南西俱

三千里

欽定五軍道里表

卷二

揚州府屬軍犯編發烟瘴地方

烟瘴

貴州平越府

平越縣

又至都勻府

清平縣

又至貴陽府

貴定縣

廣東廣州府

東莞縣

欽定五軍道里表　卷二

　　南海縣

番禺縣

通州屬軍犯編發附近近邊地方

附近	近邊
東至抵海不足二千里	東至抵海不足二千五百里
南至福建建寧府	南至福建福州府
建陽縣	古田縣
建安縣	閩清縣
甌寧縣	又至江西贛州府
又至江西吉安府	贛縣
吉水縣	又至南安府
廬陵縣	南康縣

欽定五軍道里表　卷二

泰和縣
西至河南陝州
靈寶縣
又至河南府
澠池縣
嵩　縣
北至直隸停止編發
以上除東北外南西俱
二千里

西至山西太原府
祁　縣
徐溝縣
太原縣
又至陝西西安府
臨潼縣
長安縣
咸寧縣
咸陽縣
高陵縣
三原縣

耀州

北至順天停止編發

以上除東北外南西俱二千五

百里

欽定江南通志 卷二 江蘇

欽定五軍道里表

卷二

三六

通州屬軍犯編發沿邊遠極邊地方

邊遠	極邊
東至抵海不足三千里	東至抵海不足四千里
南至福建福州府	南至抵海不足四千里
福清縣	西至甘肅蘭州府
又至興化府	金　縣
莆田縣	皐蘭縣
又至廣東韶州府	又至涼州府
曲江縣	平番縣
西至陝西鳳翔府	北至抵邊不足四千里

欽定五軍道里表　卷二

鳳翔縣

汧陽縣

隴　州

寶雞縣

又至延安府

甘泉縣

膚施縣

又至鄜州

又至甘肅涇州

北至直隸停止編發

以上除東北外南西俱

以上除東南北外西係四千里

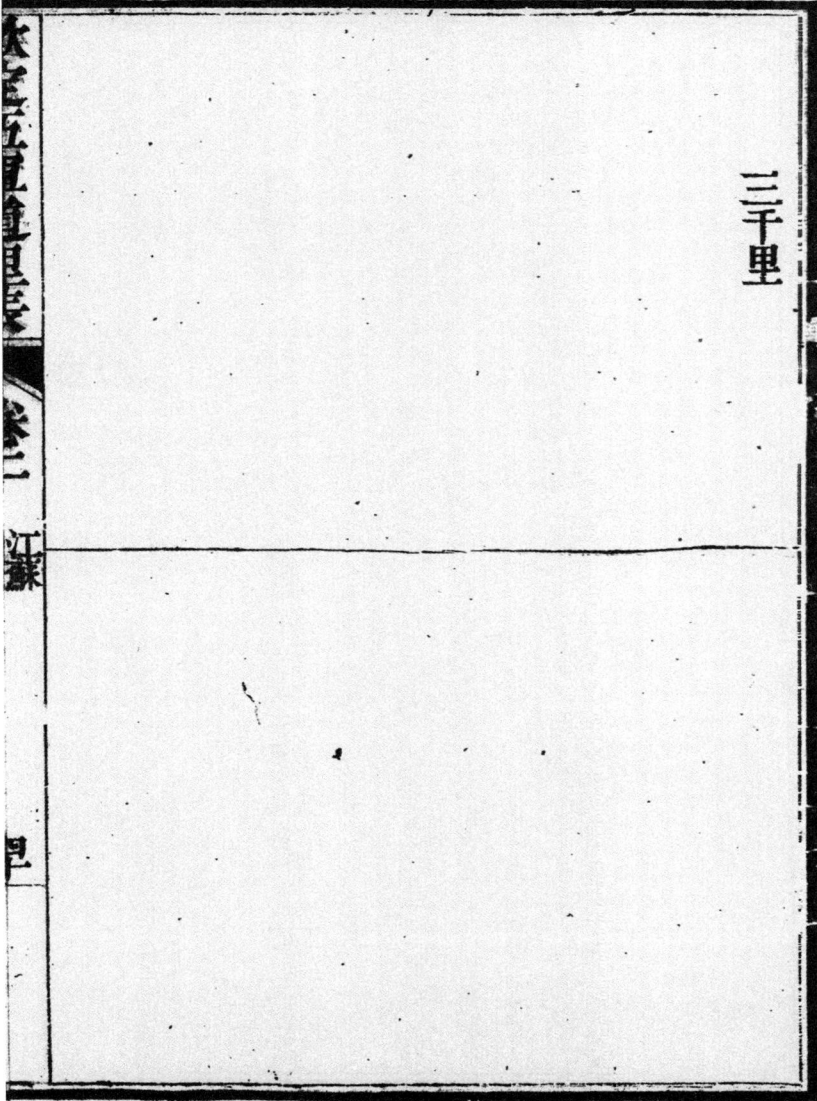

三千里

江蘇

通州屬軍犯編發烟瘴地方

烟瘴

貴州平越府

平越縣

又至都勻府

清平縣

又至貴陽府

貴定縣

廣東廣州府

東莞縣

欽定五軍道里表　卷二

番禺縣

南海縣

徐州府屬軍犯編發附近近邊地方

附近	近邊
東至抵海不足二千里	東至抵海不足二千五百里
南至浙江嚴州府	南至福建建寧府
建德縣	浦城縣
又至金華府	又至江西臨江府
蘭谿縣	清江縣
又至衢州府	新淦縣
龍游縣	西至陝西漢中府
又至湖北黃州府	鳳縣

欽定五軍道里表　卷二

又至延安府

黃梅縣

甘泉縣

又至江西九江府

膚施縣

德化縣

安塞縣

西至陝西西安府

又至甘肅平凉府

興平縣

平凉縣

耀州

固原州

同官縣

又至秦州

咸陽縣

清水縣

醴泉縣

北至直隷停止編發

又至乾州

以上除東北外南西俱二千五

武功縣

北至直隷停止編發

以上除東北外南西俱

二千里

百里

欽定五軍道里表　卷二

徐州府屬軍犯編發邊遠極邊地方

邊遠	極邊
東至抵海不足三千里	東至抵海不足四千里
南至江西吉安府	南至廣東韶州府
萬安縣	英德縣
西至甘肅鞏昌府	西至甘肅甘州府
隴西縣	山丹縣
寧遠縣	又至涼州府
會寧縣	武威縣
安定縣	永昌縣

北至抵邊不足三千里

以上除東北外南西俱

三千里

北至抵邊不足四千里

以上除東北外南西俱四千里

徐州府屬軍犯編發烟瘴地方

烟瘴

廣東廣州府

南海縣

番禺縣

東莞縣

欽定五軍道里表卷之三

安徽

安慶府屬軍犯編發附近近邊地方

附近	近邊
東至浙江金華府	東至浙江溫州府
金華縣	永嘉縣
永康縣	南至抵海不足二千五百里
縉雲縣	西至陝西同州府
蒲城縣	華州
又至台州府	

欽定五軍道里表 卷三

又天台縣
臨海縣
南至福建福州府
閩縣
侯官縣
閩清縣
西至河南河南府
嵩縣
新安縣
又至湖北宜昌府
歸州

華陰縣
又至西安府
渭南縣
臨潼縣
高陵縣
北至順天停止編發
以上除南北外東西俱二千五百里

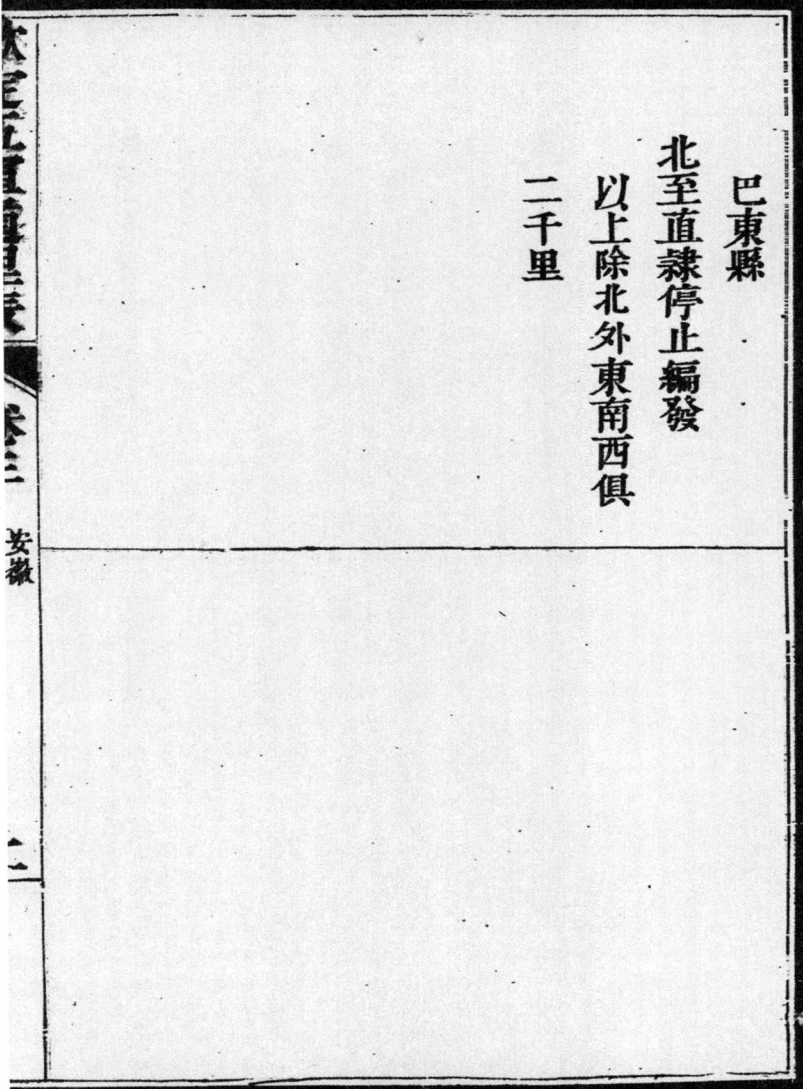

巴東縣

北至直隷停止編發

以上除北外東南西俱

二千里

欽定五軍道里表　卷三

安慶府屬軍犯編發邊遠極邊地方

邊遠	極邊
東至抵海不足三千里	東至抵海不足四千里
南至抵海不足三千里	南至抵海不足四千里
西至四川忠州	西至四川敘州府
梁山縣	長寧縣
墊江縣	宜賓縣
又至重慶府	又至保寧府
長壽縣	南部縣
又至陝西鳳翔府	又至甘肅蘭州府

欽定五軍道里表　卷三

岐山縣	金縣
寶雞縣	皋蘭縣
鳳翔縣	狄道州
汧陽縣	又至寧夏府
又至鄜州	靈州
中部縣	又至陝西榆林府
洛川縣	榆林縣
又至邠州	北至奉天停止編發
長武縣	以上除東南北外西係四千里
北至直隸停止編發	
以上除東南北外西係	

三千里

安徽

安慶府屬軍犯編發烟瘴地方

烟瘴

　雲南曲靖府

　平彝縣

欽定五軍道里表

卷三

五

徽州府屬軍犯編發附近近邊地方

附近　　　　近邊

東至抵海不足二千里
南至抵海不足二千里
西至河南開封府
新鄭縣
禹州
滎陽縣
汜水縣
又至河南府

東至抵海不足二千五百里
南至抵海不足二千五百里
西至河南陝州
靈寶縣
閺鄉縣
北至山東青州府
昌樂縣
又至萊州府

卷三　〔安徽〕

欽定五軍道里表 卷三 六

鞏縣	濰縣
偃師縣	昌邑縣
又至懷慶府	以上除東南外西北俱二千五
武陟縣	百里
河內縣	
北至山東濟南府	
長清縣	
歷城縣	
章邱縣	
齊河縣	
禹城縣	

以上除東南外西北俱
二千里

徽州府屬軍犯編發邊遠極邊地方

邊遠	極邊
東至抵海不足三千里	東至抵海不足四千里
南至抵海不足三千里	南至抵海不足四千里
西至陝西西安府	西至甘肅鞏昌府
長安縣	隴西縣
咸寧縣	寧遠縣
咸陽縣	會寧縣
醴泉縣	安定縣
正原縣	西和縣

欽定五軍道里表　卷三

耀州

同官縣

興平縣

又至乾州

武功縣

北至直隸停止編發

以上除東南北外西係

三千里

又至秦州

　禮　縣

又至陝西綏德州

北至直隸停止編發

以上除東南北外西係四千里

徽州府屬軍犯編發烟瘴地方

烟瘴

廣西太平府

崇善縣

貴州平越府

黃平州

又至都勻府

清平縣

寧國府屬軍犯編發附近近邊地方

附近	近邊
東至抵海不足二千里	東至抵海不足二千五百里
南至福建延平府	南至福建福州府
順昌縣	閩清縣
	閩清縣
西至河南南陽府	閩龍縣
	侯官縣
葉 縣	西至陝西同州府
裕 州	華陰縣
又至河南府	華 州
新安縣	

安徽

欽定五軍道里表 卷三

嵩縣

北至山東濟南府

平原縣

德州

鄒平縣

長山縣

又至青州府

臨淄縣

以上除東外南西北俱
二千里

又至西安府

渭南縣

臨潼縣

高陵縣

北至直隸停止編發

以上除東北外南西俱二千五
百里

寧國府屬軍犯編發邊遠極邊地方

邊遠	極邊
東至抵海不足三千里	東至抵海不足四千里
南至抵海不足三千里	南至抵海不足四千里
西至陝西乾州	西至甘肅階州
永壽縣	文縣
又至邠州	成縣
長武縣	又至蘭州府
又至鳳翔府	狄道州
岐山縣	金縣

皋蘭縣

又至陝西榆林府

　榆林縣

北至直隸停止編發

以上除東南北外西係四千里

鳳翔縣

汧陽縣

又至鄜州

　中部縣

　洛川縣

北至順天停止編發

以上除東南北外西係

三千里

寧國府屬軍犯編發烟瘴地方

烟瘴

貴州貴陽府

貴筑縣

又至安順府

清鎮縣

安平縣

普定縣

欽定五軍道里表　卷三

池州府屬軍犯編發附近近邊地方

附近	近邊
東至浙江金華府	東至抵海不足二千五百里
永康縣	南至抵海不足二千五百里
又至處州府	西至陝西同州府
縉雲縣	華陰縣
又至台州府	華　州
臨海縣	又至興安州
黃巖縣	白河縣
南至福建福州府	又至河南陝州

古田縣

閩清縣　　　　　　　　　閩鄉縣

西至河南許州　　　　　　又至四川夔州府

襄城縣　　　　　　　　　奉節縣

又至南陽府　　　　　　　北至順天停止編發

葉　縣　　　　　　　　　以上除東南北外西係二千五

又至河南府　　　　　　　百里

偃師縣

洛陽縣

新安縣

又至湖北襄陽府

光化縣

又至宜昌府

歸　州

北至直隸停止編發

以上除北外東南西俱

二千里

欽定五軍道里表　卷三

池州府屬軍犯編發邊遠極邊地方

邊遠	極邊
東至抵海不足三千里	東至抵海不足四千里
南至抵海不足三千里	南至抵海不足四千里
西至陝西乾州	西至四川順慶府
武功縣	西充縣
又至鳳翔府	南充縣
扶風縣	又至保寧府
岐山縣	南部縣
鳳翔縣	又至甘肅鞏昌府

欽定五軍道里表　卷三

又至西安府　　　　　隴西縣
醴泉縣　　　　　　　安定縣
同官縣　　　　　　又至蘭州府
又至鄜州　　　　　　渭源縣
宜君縣　　　　　　　狄道州
中部縣　　　　　　又至寧夏府
又至四川忠州　　　　靈州
梁山縣　　　　　　又至階州
墊江縣　　　　　　　成縣
北至直隸停止編發　又至陝西綏德州
以上除東南南北外西係　米脂縣

三千里

北至奉天停止編發
以上除東南北外西係四千里

池州府屬軍犯編發烟瘴地方

烟瘴

貴州南籠府

普安縣

普安州

雲南曲靖府

平彝縣

太平府屬軍犯編發邊遠極邊地方

邊遠

東至抵海不足三千里

南至抵海不足三千里

西至陝西鳳翔府

隴州

又至延安府

甘泉縣

膚施縣

又至甘肅秦州

極邊

東至抵海不足四千里

南至抵海不足四千里

西至甘肅涼州府

平番縣

又至蘭州府

皋蘭縣

又至階州

文縣

欽定五軍道里表　卷三

清水縣

又至平涼府

平涼縣

北至順天停止編發

以上除東南北外西係

三千里

又至陝西榆林府

懷遠縣

神木縣

北至抵邊不足四千里

以上除東南北外西係四千里

太平府屬軍犯編發烟瘴地方

烟瘴

貴州安順府

安平縣

普定縣

鎮寧州

欽定五軍道里表　卷三

三二

盧州府屬軍犯編發附近近邊地方

附近　　　　　近邊

東至浙江台州府　　東至抵海不足二千五百里

黃巖縣　　　　　南至福建福州府

天台縣　　　　　閩　縣

臨海縣　　　　　侯官縣

又至處州府　　　福清縣

縉雲縣　　　　　西至陝西西安府

麗水縣　　　　　醴泉縣

南至福建延平府　同官縣

钦定五軍道里表　卷三

南平縣	
順昌縣	
又至福州府	又至乾州
古田縣	永壽縣
靈寶縣	武功縣
閿鄉縣	又至鳳翔府
西至河南陝州	扶風縣
又至陝西同州府	岐山縣
華陰縣	又至邠州
大荔縣	宜君縣
華　州	中部縣
	又至鄜州
	北至直隸停止編發

北至順天停止編發

以上除北外東南西俱

二千里

以上除東北外南酉西俱二千五

百里

欽定五軍道里表　卷三

廬州府屬軍犯編發邊遠極邊地方

邊遠

東至抵海不足三千里

南至抵海不足三千里

西至甘肅秦州

清水縣其南一縣

又至平凉府

平涼縣

固原州

又隆德縣

極邊

東至抵海不足四千里

南至抵海不足四千里

西至甘肅西寧府

碾伯縣

又至涼州府

古浪縣

平番縣

又至陝西西榆林府

安徽

欽定五軍道里表　卷三

又至陝西延安府

膚施縣

延長縣

北至直隸停止編發

以上除東南北外西係

三千里

神木縣

府谷縣

北至抵邊不足四千里

以上除東南北外西係四千里

盧州府屬軍犯編發烟瘴地方

烟瘴

廣東高州府

電白縣

茂名縣

廣西思恩府

武緣縣

六安州屬軍犯編發附近近邊地方

附近	近邊
東至浙江台州府	東至抵海不足二千五百里
黃巖縣	南至福建福州府
天台縣	閩　縣
臨海縣	侯官縣
又至處州府	福清縣
縉雲縣	西至陝西西安府
麗水縣	醴泉縣
南至福建延平府	同官縣

南平縣　　　　　又至乾州

順昌縣　　　　　永壽縣

又至福州府　　　武功縣

古田縣　　　　　又至鳳翔府

西至河南陝州　　扶風縣

靈寶縣　　　　　岐山縣

閿鄉縣　　　　　又至鄜州

又至陝西同州府　宜君縣

華陰縣　　　　　中部縣

大荔縣　　　　　又至邠州

華　州　　　　　北至直隸停止編發

北至順天停止編發

以上除北外東南西俱
二千里

以上除東北外南西俱二千五

以上除東北外南西俱二千五
百里

六安州屬軍犯編發邊遠極邊地方

邊遠　　　　　　　　　　　極邊

東至抵海不足三千里　　　　　東至抵海不足四千里

南至抵海不足三千里　　　　　南至抵海不足四千里

西至甘肅秦州　　　　　　　　西至甘肅西寧府

清水縣　　　　　　　　　　　碾伯縣

又至平涼府　　　　　　　　　又至涼州府

平涼縣　　　　　　　　　　　古浪縣

固原州　　　　　　　　　　　平番縣

隆德縣　　　　　　　　　　　又至陝西榆林府

欽定五軍道里表 卷三

神木縣

府谷縣

北至抵邊不足四千里

以上除東南北外西係四千里

又至陝西延安府

膚施縣

延長縣

北至直隷停止編發

以上除東南北外西係

三千里

六安州屬軍犯編發烟瘴地方

烟瘴

廣東高州府

電白縣

茂名縣

廣西思恩府

武緣縣

鳳陽府屬軍犯編發附近近邊地方

附近

近邊

東至浙江台州府　　　　　東至福建汀州府

黃巖縣　　　　　　　　　歸化縣

太平縣　　　　　　　　　又至延平府

南至福建建寧府　　　　　將樂縣

浦城縣　　　　　　　　　南至福建建寧府

又至浙江衢州府　　　　　建陽縣

江山縣　　　　　　　　　建安縣

西至陝西西安府　　　　　甌寧縣

欽定五軍道里表　卷三

西至陝西鳳翔府

長安縣
咸寧縣
咸陽縣　隴州
臨潼縣
興平縣
高陵縣
三原縣
耀　州

沂陽縣

又至邠州
長武縣
三水縣
又至延安府
甘泉縣
又至鄜州
洛川縣

北至順天停止編發
以上除北外東南西俱
二千里　　　　　又至甘肅平涼府

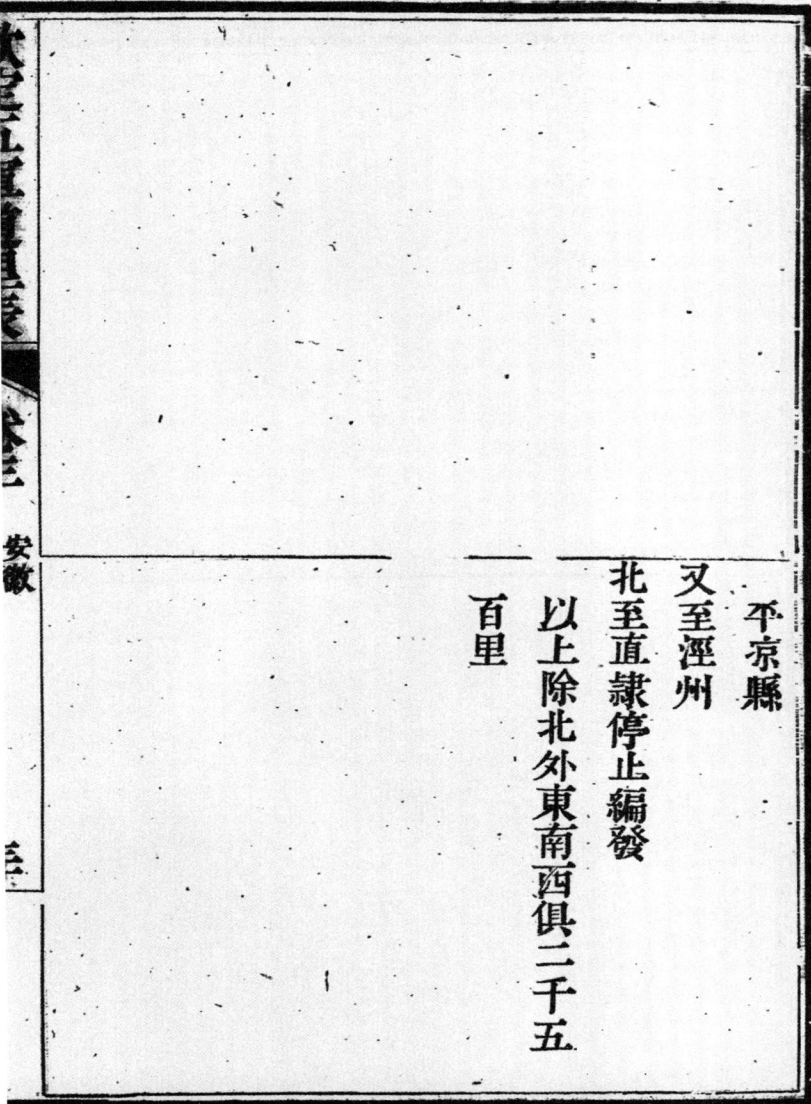

平京縣

又至涇州

北至直隸停止編發

以上除北外東南西俱二千五

百里

欽定五軍道里表　卷三

鳳陽府屬軍犯編發邊遠極邊地方

邊遠　　　　　　　　　極邊

東至福建福寧府　　　　東至抵海不足四千里

寧德縣　　　　　　　　南至抵海不足四千里

入霞浦縣　　　　　　　西至甘肅涼州府

南至福建福州府　　　　武威縣

又古田縣　　　　　　　永昌縣

閩清縣　　　　　　　　又至山西保德州

西至甘肅鞏昌府　　　　河曲縣

伏羌縣　　　　　　　　又至寧武府

安徽

欽定五軍道里表　卷三

五寨縣		寧遠縣
	西和縣	
	會寧縣	
又至秦州		
禮　縣		
又至陝西延安府		
延川縣		
又至綏德州		
清澗縣		
北至抵邊不足三千里		
以上除北外東南西俱		

五寨縣

北至抵邊不足四千里

以上除東南北外西係四千里

三千里

欽定五軍道里表

卷三

天津

鳳陽府屬軍犯編發烟瘴地方

烟瘴

廣東惠州府

歸善縣

海豐縣

貴州安順府

安平縣

普定縣

鎮寧州

欽定五軍道里表

卷三

頗州府屬軍犯編發附近近邊地方

附近　　　　　　　　　　　近邊

東至浙江紹興府　　　　　　東至福建邵武府

嵊　縣　　　　　　　　　　泰寧縣

新昌縣　　　　　　　　　　建寧縣

又至台州府　　　　　　　　又至汀州府

天台縣　　　　　　　　　　寧化縣

仙居縣　　　　　　　　　　南至福建建寧府

南至浙江嚴州府　　　　　　浦城縣

建德縣　　　　　　　　　　西至甘肅秦州

卷三　安徽

欽定五軍道里表　卷三

又至金華府

蘭谿縣

又至衢州府

龍游縣

西至陝西乾州

永壽縣

武功縣

又至西安府

醴泉縣

同官縣

又至鳳翔府

清水縣

又至平涼府

平涼縣

固原州

隆德縣

又至陝西延安府

膚施縣

延長縣

北至直隸蒙停止編發

以上除北外東南西俱二千五

百里

扶風縣

岐山縣

又至鄜州

宜君縣

中部縣

又至邠州

北至直隸停止編發

以上除北外東南西俱

二千里

頴州府屬軍犯編發邊遠極邊地方

邊遠

東至福建福州府

閩縣

侯官縣

連江縣

南至福建延平府

南平縣

西至甘肅肇昌府

隴西縣

極邊

東至抵海不足四千里

南至抵海不足四千里

西至甘肅凉州府

永昌縣

又至甘州府

山丹縣

又至山西寧武府

寧武縣

欽定五軍道里表　卷三

安定縣	神池縣
又至蘭州府	又至代州
渭源縣	崞　縣
金　縣	
又至階州	
成　縣	
又至陝西綏德州	
米脂縣	
北至抵邊不足三千里	北至抵邊不足四千里
以上除北外東南西俱	以上除東南北外西係四千
三千里	里

颍州府屬軍犯編發烟瘴地方

烟瘴

廣東廣州府

東莞縣

貴州平越府

平越縣

又至貴陽府

貴定縣

欽定五軍道里表　卷三

泗州屬軍犯編發附近近邊地方

附近　　　　　　　　　　　　近邊

東至浙江金華府　　　　　　東至福建建寧府

　永康縣　　　　　　　　　　建陽縣

南至福建邵武府　　　　　　南至福建延平府

光澤縣　　　　　　　　　　南平縣

邵武縣　　　　　　　　　　西至陝西鳳翔府

西至陝西西安府　　　　　　汧陽縣

臨潼縣　　　　　　　　　　隴　州

咸寧縣　　　　　　　　　　又至延安府

長安縣
咸陽縣
興平縣
高陵縣
三原縣
耀　州
北至直隸停止編發
以上除北外東南西俱
二千里

甘泉縣
又至鄜州
洛川縣
又至甘肅涇州
北至直隸停止編發
以上除北外東南西俱二千五
百里

泗州屬軍犯編發邊遠極邊地方

邊遠

東至福建福州府

古田縣

南至福建福州府

連江縣

羅源縣

西至甘肅鞏昌府

伏羌縣

寧遠縣

極邊

東至抵海不足四千里

南至抵海不足四千里

西至甘肅凉州府

武威縣

又至山西寧武府

五寨縣

北至抵邊不足四千里

以上除東南北外西係四千里

欽定五軍道里表　卷三

會寧縣

西和縣

又至秦州

禮　縣

又至陝西延安府

延川縣

又至綏德州

清澗縣

北至抵邊不足三千里

以上除北外東南西俱

三千里

泗州屬軍犯編發煙瘴地方

煙瘴

廣東惠州府

博羅縣

貴州貴陽府

龍里縣

貴筑縣

又至安順府

清鎮縣

安平縣

廣德州屬軍犯編發附近近邊地方

附近	近邊
東至抵海不足三千里	東至抵海不足二千五百里
南至福建建寧府	南至抵海不足二千五百里
浦城縣	西至陝西同州府
西至湖北安陸府	華陰縣
鍾祥縣	華　州
又至河南河南府	又至西安府
洛陽縣	渭南縣
新安縣	北至直隸停止編發

欽定五軍道里表 卷三

嵩縣

北至山東濟南府

禹城縣

平原縣

章邱縣

鄒平縣

長山縣

以上除東外南西北俱

二千里

以上除東南北外西係二千五

百里

四二

廣德州屬軍犯編發過邊遠極邊地方

邊遠

東至抵海不足三千里

南至抵海不足三千里

西至陝西乾州

武功縣

永壽縣

又至鳳翔府

扶風縣

岐山縣

極邊

東至抵海不足四千里

南至抵海不足四千里

西至甘肅寧夏府

靈州

寧夏縣

寧朔縣

又至蘭州府、

渭源縣

欽定五軍道里表　卷三

鳳翔縣

又至鄜州

宜君縣

中部縣

又至邠州

北至順天停止編發

以上除東南北外西係

三千里

狄道州

又至金縣

又至階州

戎縣

又至陝西榆林府

榆林縣

又至綏德州

米脂縣

北至直隸停止編發

以上除東南北外西係四千里

廣德州屬軍犯編發烟瘴地方

烟瘴

貴州貴陽府

貴筑縣

龍里縣

又至安順府

清鎮縣

安平縣

欽定五軍道里表　卷三三　安徽

欽定五軍道里表

卷三

和州屬軍犯編發附近近邊地方

附近

東至浙江溫州府

永嘉縣

南至福建建寧府

浦城縣

建陽縣

西至河南陝州

靈寶縣

閿鄉縣

近邊

東至抵海不足二千五百里

南至福建延平府

南平縣

興平縣

西至陝西西安府

醴泉縣

耀　州

同官縣

欽定五軍道里表　卷三

北至直隸停止編發

以上除北外東南西俱

二千里

又至乾州

武功縣

永壽縣

又至邠州

宜君縣

北至順天停止編發

以上除東北外南西俱二千五

百里

和州鳳軍犯編發邊遠極邊地方

邊遠

東至抵海不足三千里

南至抵海不足三千里

西至甘肅秦州

清水縣東南外接河南

漢至平涼縣府東南邊界

津涼縣

又至陝西寶鳳翔府

又隴州報

極邊

東至抵海不足四千里

南至抵海不足四千里

西至甘肅涼州府

平番縣

古浪縣

又至陝西榆林府

神木縣

北至抵邊不足四千里斜西四千里

安徽

欽定五軍道里表　卷三

又至延安府

又甘泉縣

膚施縣

北至直隸停止編發

以上除東南北外西係

三千里

西　　　　　

南經州縣不及三千里

東

　　係又至錄東南北外西係四千里

和州屬軍犯編發烟瘴地方

烟瘴

貴州安順府

安平縣

普定縣

清鎮縣

鎮寧州

滁州屬軍犯編發附近近邊地方

附近　　　　近邊

東至浙江處州府　　東至抵海不足二千五百里

青田縣

又至溫州府　　　　南至福建延平府

永嘉縣　　　　　　南平縣

南至福建建寧府　　西至陝西乾州

浦城縣　　　　　　永壽縣

建陽縣　　　　　　又至邠州

西至河南陝州　　　長武縣

又至鳳翔府　　　　又至鳳翔府

閿鄉縣

又至陝西同州府

華陰縣

華州

北至直隸停止編發

以上除北外東南西俱

二千里

扶風縣

岐山縣

鳳翔縣

又至邠州

宜君縣

中部縣

北至順天停止編發

以上除東北外南西俱二千五

百里

滁州屬軍犯編發邊遠極邊地方

邊遠	極邊
東至抵海不足三千里	東至抵海不足四千里
南至抵海不足三千里	南至抵海不足四千里
西至甘肅平涼府	西至甘肅涼州府
隆德縣	平番縣
靜寧州	古浪縣
又至秦州	又至西寧府
又至陝西延安府	碾伯縣
延長縣	又至陝西榆林府

欽定五軍道里表 卷三

府谷縣

又至山西保德州
河曲縣

北至直隸停止編發

以上除東南北外西係
三千里

北至抵邊不足四千里

以上除東南北外西係四千里

滁州屬軍犯編發烟瘴地方

烟瘴

廣東廣州府

東莞縣

又至惠州府

博羅縣

欽定五軍道里表卷之四

浙江

杭州府屬軍犯編發附近近邊地方

附近
東至抵海不足二千里
南至福建福州府
侯官縣
閩縣
連江縣

近邊
東至抵海不足二千五百里
南至抵海不足二千五百里
西至湖北漢陽府
孝感縣
黄陂縣

長樂縣
永福縣
福清縣
西至湖北黄州府
蘄水縣
蘄州
又至河南開封府
杞縣
陳留縣
祥符縣
中牟縣

漢川縣
又至德安府
應城縣
又至河南河南府
洛陽縣
新安縣
澠池縣
又至南陽府
葉縣
又至許州
襄城縣

北至山東兗州府

滕　縣

鄒　縣

滋陽縣

曲阜縣

泗水縣

寧陽縣

又至泰安府

又至濟寧州

泰安縣

肥城縣

北至山東濟南府

齊東縣

德　州

又至武定府

惠民縣

陽信縣

海豐縣

又至東昌府

高唐州

恩　縣

以上除東南外西北俱二千五

欽定五軍道里[卷]四

以上除東外南西北俱

二千里

百里

杭州府屬軍犯編發邊遠極邊地方

邊遠	極邊
東至抵海不足三千里	東至抵海不足四千里
南至抵海不足三千里	南至抵海不足四千里
西至湖北襄陽府	西至陝西漢中府
宜城縣	鳳　縣
又至安陸府	又至甘肅平涼府
荊門州	隆德縣
又至河南南陽府	靜寧州
內鄉縣	北至直隸停止編發

淅川縣

又至陝西同州府

華陰縣

華　州

又至西安府

渭南縣

北至順天停止編發

以上除東南北外西係

三千里

以上除東南北外西係四千里

杭州府屬軍犯編發烟瘴地方

烟瘴

廣西思恩府

賓　州

上林縣

遷江縣

貴州思州府

玉屏縣

嘉興府屬軍犯編發附近近邊地方

附近

東至抵海不足二千里

南至抵海不足二千里

西至湖北黃州府

黃梅縣

廣濟縣

又至江西九江府

德化縣

又至河南開封府

近邊

東至抵海不足二千五百里

南至抵海不足二千五百里

西至湖北武昌府

江夏縣

又至漢陽府

漢陽縣

又至河南陝州

靈寶縣

北至山東武定府

	陽信縣
	海豐縣
	霑化縣
以上除東南外西北俱二千五
百里

鄭州

榮陽縣

汜水縣

又至河南府

鞏縣

北至山東泰安府

肥城縣

平陰縣

東阿縣

又至濟南府

長清縣

齊河縣

歷城縣

又至東昌府

茌平縣

高唐州

以上除東南外西北俱

二千里

嘉興府屬軍犯編發邊遠極邊地方

邊遠	極邊
東至抵海不足三千里	東至抵海不足四千里
南至抵海不足三千里	南至抵海不足四千里
西至湖北安陸府	西至陝西漢中府
京山縣	寧羌州
鍾祥縣	沔縣
潛江縣	南鄭縣
又至陝西西安府	襄城縣
臨潼縣	又至興安州

欽定五軍道里表　卷四

石泉縣	長安縣
又至甘肅肇昌府	咸寧縣
會寧縣	咸陽縣
北至直隸停止編發	興平縣
以上除東南北外西係四千里	北至直隸停止編發
	以上除東南北外西係
	三千里

嘉興府屬軍犯編發烟瘴地方

烟瘴

廣東肇慶府

高要縣

新興縣

又至廣州府

南海縣

番禺縣

又至羅定州

東安縣

欽定五軍道里表　卷四

東安驛

　　　驛

審　縣

南　湖

　里　

　建軍

高　湖

　湖　湖

　湖

　湖

嘉興　鳳軍　縣

湖州府屬軍犯編發附近近邊地方

附近	近邊
東至抵海不足二千里	東至抵海不足二千五百里
南至福建福州府	南至抵海不足二千五百里
閩清縣	西至河南河南府
侯官縣	嵩縣
閩縣	澠池縣
西至湖北黃州府	又至陝州
黃梅縣	又至湖北漢陽府
廣濟縣	漢陽縣

蘄州

北至山東泰安府

泰安縣

肥城縣

平陰縣

又至濟南府

長清縣

歷城縣

齊河縣

以上除東外南西北俱
二千里

黃陂縣

漢川縣

又至武昌府

江夏縣

北至山東武定府

霑化縣

海豐縣

以上除東南外西北俱二千五
百里

湖州府屬軍犯編發邊遠極邊地方

邊遠

一
東至抵海不足三千里
南至抵海不足三千里
西至陝西西安府
　長安縣
　咸寧縣實南...
　非咸陽縣...
　渭南縣
　又臨潼縣...

極邊

東至抵海不足四千里
南至抵海不足四千里...
西至甘肅平涼府
　隆德縣...
　靜寧州
　又韋昌府
　會寧縣
　又至陝西漢中府

又至湖北安陸府

鍾祥縣

北至順天停止編藜

以上除東南北外西係

三千里

襄城縣

南鄭縣

寧羌州

汚縣

北至山西大同府

陽高縣

以上除東南外西北俱四千里

潮州府屬軍犯編發烟瘴地方

　烟瘴

　　廣西潯州府

　　武宣縣

　　又至柳州府

　　來賓縣

　　又至思恩府

　　遷江縣

　　廣東廣州府

　　南海縣

番禺縣

又至肇慶府

新興縣

又至羅定州

東安縣

寧波府屬軍犯編發附近近邊地方

附近

東至抵海不足二千里

南至抵海不足二千里

西至江西九江府

德安縣

德化縣

又至安徽潁州府

亳州

北至山東兗州府

近邊

東至抵海不足二千五百里

南至抵海不足二千五百里

西至湖北黃州府

黃岡縣

又至武昌府

武昌縣

又至河南開封府

陳留縣

嶧縣　五里

又至沂州府

郯城縣

蘭山縣

又至江蘇徐州府

邳州

以上除東南外西北俱

二千里

祥符縣

中牟縣

鄭州

北至山東泰安府

肥城縣

東平州

東阿縣

平陰縣

又至濟寧州

汶上縣

以上除東南外西北俱二千五

浙江

百
里

寧波府屬軍犯編發邊遠極邊地方

邊遠	極邊
東至抵海不足三千里	東至抵海不足四千里
南至抵海不足三千里	南至抵海不足四千里
西至湖北德安府	西至陝西鳳翔府
應城縣	鳳翔縣
又至安陸府	汧陽縣
京山縣	寶雞縣
天門縣	岐山縣
潛江縣	又至興安州

欽定五軍道里表　卷四

又至河南南陽府

葉　縣

裕　州

舞陽縣

又至河南府

新安縣

澠池縣

又至許州

襄城縣

北至山東武定府

惠民縣

洵陽縣

又至商州

鎮安縣

又至邠州

長武縣

北至直隸停止編發

以上除東南北外西係四千里

陽信縣

海豐縣

霑化縣

以上除東南外西北俱

三千里

寧波府屬軍犯編發烟瘴地方

烟瘴

廣東廉州府

三水縣

又至肇慶府

高要縣

紹興府屬軍犯編發附近近邊地方

附近	近邊
東至抵海不足二千里	東至抵海不足二千五百里
南至抵海不足二千里	南至抵海不足二千五百里
西至湖北黃州府	西至湖北漢陽府
廣濟縣	漢陽縣
蘄水縣	漢川縣
蘄州	黃陂縣
又至河南歸德府	孝感縣
又雎州	又至河南河南府

浙江

欽定五軍道里表

又至開封府

杞　縣

陳留縣

北至山東兗州府

鄒　縣

滋陽縣

曲阜縣

泗水縣

又至沂州府

蒙陰縣

又至泰安府

又至□□縣

偃師縣

洛陽縣

北至山東濟南府

歷城縣

濟陽縣

章邱縣

齊東縣

德　州

又至東昌府

高唐州

新泰縣

又至濟寧州

以上除東南外西北俱

二千里

思　縣

以上除東南外西北俱二千五

百里

紹興府屬軍犯編發邊遠極邊地方

邊遠	極邊
東至抵海不足三千里	東至抵海不足四千里
南至抵海不足三千里	南至抵海不足四千里
西至湖北襄陽府	西至陝西漢中府
其宜城縣□□□□□	鳳縣
又至安陸府	又至興安州
又荊門州□□□	洵陽縣
鍾祥縣	又至甘肅平涼府
又至河南陝州	又至平涼縣□□□□

北至山西大同府	又靈寶縣
大同縣	閿鄉縣
懷仁縣	又至陝西同州府
應州	又董陰縣
又至朔平府	北至直隸停止編發
朔州	以上除東南北外西係
平魯縣	南至千里
以上除東南外西北俱四千里	東至

絶興府屬軍犯編發烟瘴地方

烟瘴

廣東羅定州

東安縣

又至肇慶府

新興縣

欽定五軍道里表

卷四

台州府屬軍犯編發附近近邊地方

附近	近邊
東至抵海不足二千里	東至抵海不足二千五百里
南至抵海不足二千里	南至抵海不足二千五百里
西至江西南昌府	西至湖北黃州府
南昌縣	廣濟縣
新建縣	蘄水縣
又至南康府	蘄州
建昌縣	又至河南歸德府
又至瑞州府	雎州

浙江

欽定五軍道里表　卷四

高安縣

北至江蘇徐州府

宿遷縣

雎寧縣

邳州

又至山東沂州府

郯城縣

以上除東南外西北俱

二千里

又至開封府

杞縣

陳留縣

北至山東兖州府

鄒縣

滋陽縣

曲阜縣

泗水縣

寧陽縣

又至沂州府

蒙陰縣

又至泰安府

新泰縣

泰安縣

又至濟寧州

汶上縣

以上縣

以上除東南外西北俱二千五

百里

浙江

欽定五軍道里表　卷四

又至泰文嶺

信泰羅

葉登羅

又壹龍之底

又壹峰

台州府屬軍犯編發邊遠極邊地方

邊遠	極邊
東至抵海不足三千里	東至抵海不足四千里
南至抵海不足三千里	南至抵海不足四千里
西至河南河南府	西至陝西鳳翔府
洛陽縣	扶風縣
新安縣	岐山縣
鞏縣	又至乾州
偃師縣	武功縣
又至湖北漢陽府	永壽縣

浙江

欽定五軍道里表　卷四

漢川縣

黃陂縣

孝感縣

又至德安府

應城縣

北至山東東昌府

高唐州

恩　縣

又至濟南府

德　州

濟陽縣

又至商州

鎮安縣

又至西安府

醴泉縣

又至邠州

又至湖北襄陽府

均　州

北至直隸停止編發

以上除東南北外西係四千里

齊東縣

以上除東南外西北俱

三千里

台州府屬軍犯編發烟瘴地方

烟瘴

廣東廣州府

清遠縣

貴州思州府

玉屏縣

青溪縣

青海...

至...

青海...

至...

青海...

至...

合...

金華府屬軍犯編發附近近邊地方

附近

東至抵海不足二千里

南至抵海不足二千里

西至湖北武昌府

又至漢陽府

汪夏縣

襄陽縣

黃陂縣

漢川縣

近邊

東至抵海不足二千五百里

南至抵海不足二千五百里

西至湖北安陸府

鍾祥縣

荆門州

又至河南開封府

陳留縣

祥符縣

北至山東沂州府　　　　　　中牟縣

　郯城縣　　　　　　　　北至山東泰安府

　蘭山縣　　　　　　　　又新泰縣

又至江蘇徐州府　　　　　　泰安縣

　邳州　　　　　　　　　　肥城縣

西以上除東南外西北俱　　又至兗州府

南二千里　　　　　　　　　鄒縣

　　　　　　　　　　　　　滋陽縣

　　　　　　　　　　　　　曲阜縣

　　　　　　　　　　　　　泗水縣

　　　　　　　　　　　　　寧陽縣

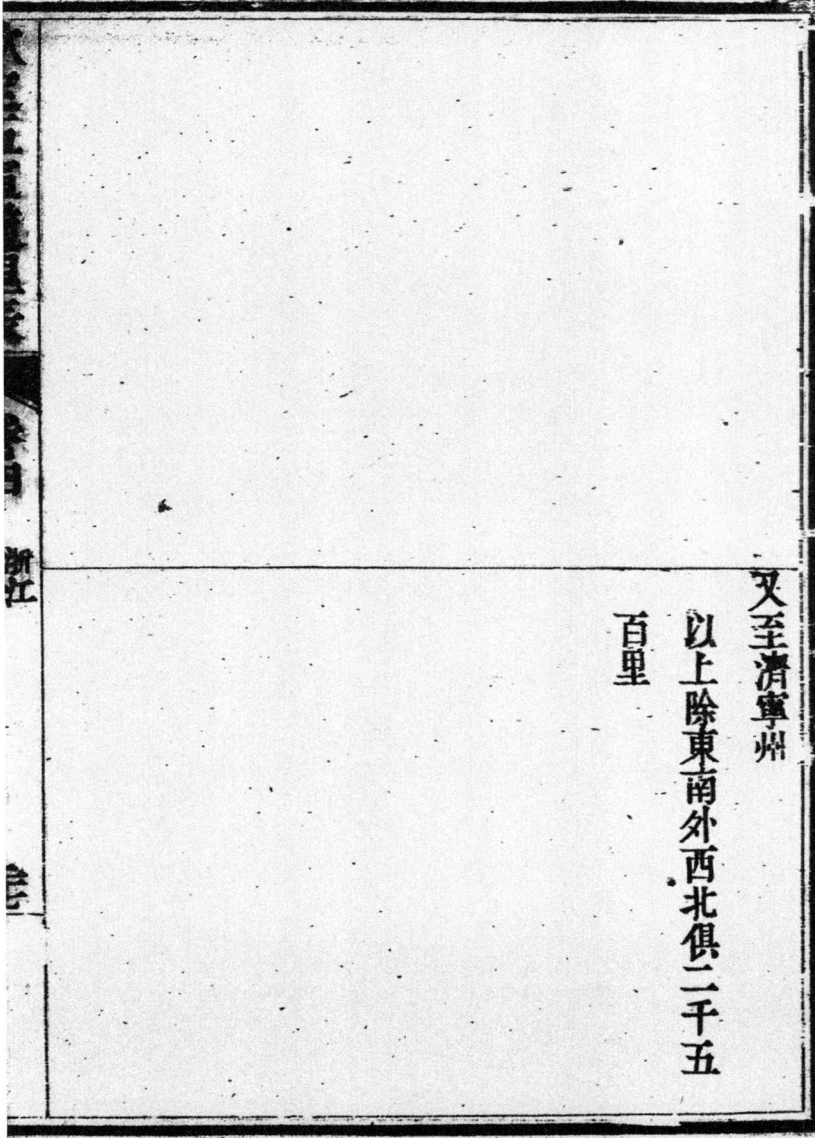

又至渭寧州

以上除東南外西北俱二千五
百里

欽定五軍道里表

卷四

金華府屬軍犯編發邊遠極邊地方

邊遠		極邊	
東至抵海不足三千里		東至抵海不足四千里繁四十里	
南至抵海不足三千里		南至抵海不足四千里	
西至湖北襄陽府		西至陝西鳳翔府	
均至衢州		又至扶風縣	
光化縣		岐山縣	
穀城縣		又鳳翔縣	
又至河南商陽府		寶雞縣	
南陽縣		又沂陽縣	

欽定五軍道里表　卷四

又至商州

裕州

鎮安縣

又至河南府

又至乾州

洛陽縣

永壽縣

新安縣

又至邠州

澠池縣、

長武縣

北至山東東昌府

高唐州

北至直隸停止編發

恩縣

以上除東南北外西係四千里

又至濟南府

德州

又至武定府

惠民縣

陽信縣

海豐縣

霑化縣

以上除東南外西北俱

三千里

金華府屬軍犯編 發烟瘴地方

烟瘴

廣西南寧府

新寧州

宣化縣

又至鬱林州

北流縣

博白縣

貴州平越府

黃平州

欽定五軍道里表

附近　衢州府屬軍犯編發附近近邊地方　近邊

東至抵海不過二千里

南至抵海不足二千里

西至湖光安陸府
天門縣
潛江縣
京山縣
又至德安府
應城縣

東至抵海不過二千五百里

南至抵海不足二千五百里

西至湖北襄陽府
宜城縣
又襄陽縣
北至山東兗州府
鄒縣
滋陽縣

又至漢陽府

孝感縣　　　　　　　　宁陽縣

北至江蘇徐州府　　　　泗水縣

邳州　　　　　　　　　又至泰安府

宿遷縣　　　　　　　　新泰縣

又至山東沂州府　　　　泰安縣

郯城縣　　　　　　　　又至濟宁州

以上隊東南外西北俱　　以上松學東南外西北俱二千五

一千里　　　　　　　　百里

曲阜縣

衢州府屬軍犯編發邊遠極邊地方

　　邊遠　　　　　　　　　極邊

東至抵海不足三千里　　　東至抵海不足四千里

南至抵海不足三千里　　　南至抵海不足四千里

西至湖北鄖陽府　　　　　西至陝西同州府

又　鄖　縣　　　　　　　華陰縣

郧西縣　　　　　　　　　朝邑縣

又至河南南陽府　　　　　又至河南陝州

葉　縣　　　　　　　　　靈寶縣

舞陽縣　　　　　　　　　閿鄉縣

鈔定五軍道里表　卷四

又至許州

　襄城縣

北至山東東昌府

　恩縣

又至濟南府

德州

濟陽縣

齊東縣

又至武定府

　惠民縣

以上除東南外西北俱

北至山西太原府

交城縣

文水縣

陽曲縣

以上除東南外西北俱四千里

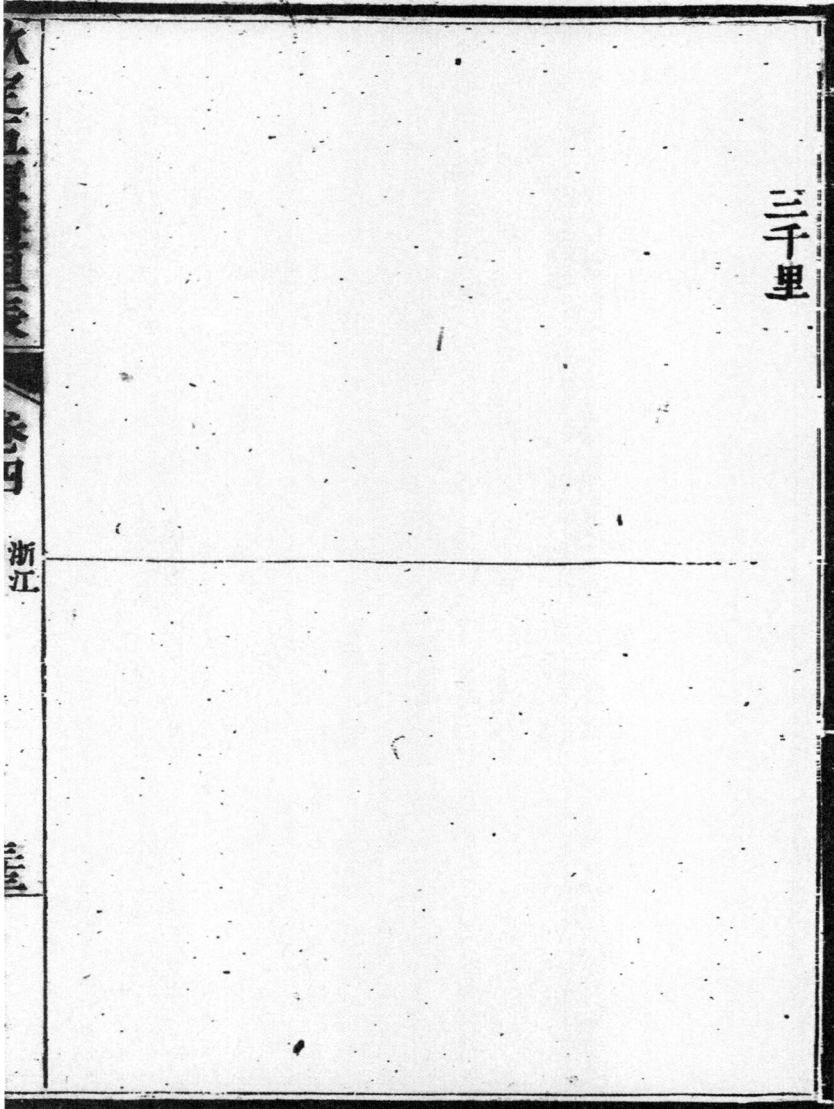

三千里

浙江

衢州府屬軍犯編發烟瘴地方

烟瘴

貴州貴陽府

貴筑縣

又至都勻府

清平縣

廣西南寧府

橫　州

永淳縣

欽定五軍道里表

卷四

嚴州府屬軍犯編發附近近邊地方

附近　東南發回浙江

近邊

東至抵海不足二千里

南至抵海不足二千里

西至湖北漢陽府

漢陽縣

漢川縣　漢州渡

黃陂縣

又至武昌府

又至江夏縣　龍舒縣

東至抵海不足二千五百里

南至抵海不足二千五百里

西至湖北安陸府

鍾祥縣

荊門州

又至河南開封府

中牟縣

鄭州

欽定五軍道里表　卷四

又至河南歸德府

鹿邑縣

柘城縣

北至山東兗州府

嶧縣

滕縣

又至沂州府

蘭山縣

以上除東南外西北俱

二千里

荥陽縣

氾水縣

北至山東泰安府

肥城縣

泰安縣

平陰縣

東阿縣

又至東昌府

莊平縣

又至濟南府

長清縣

歷城縣

以上除東南外西北俱二千五

百里

浙江

欽定五軍道里表

卷四

嚴州府屬軍犯編發邊遠極邊地方

極邊

東至抵海不足四千里

南至抵海不足四千里

西至陝西漢中府

鳳　縣

又至鳳翔府

岐山縣

鳳翔縣

又寶雞縣

邊遠

東至抵海不足三千里

南至抵海不足三千里

西至湖北襄陽府

均　州

穀城縣

光化縣

又至河南河南府

又

溫池縣

欽定五軍道里表　卷四

又至陝州

北至山東武定府

霑化縣

以上除東南外西北俱

三千里

又至邠州

長武縣

又至甘肅涇州

北至直隸停止編發

以上除東南北外西係四千里

嚴州府屬軍犯編發煙瘴地方

烟瘴

貴州平越府

黃平州

又至思州府

青溪縣

溫州府屬軍犯編發附近近邊地方

附近	近邊
東至抵海不足二千里	東至抵海不足二千五百里
南至抵海不足二千里	南至抵海不足二千五百里
西至湖北黃州府	西至湖北武昌府
黃梅縣	江夏縣
廣濟縣	又至漢陽府
北至江蘇揚州府	漢陽縣
高郵州	漢川縣
寶應縣	黃陂縣

欽定五軍道里表　卷四

興化縣

以上除東南外西北俱

二千里

北至安徽頴州府

頴上縣

阜陽縣

霍邱縣

又至江蘇徐州府

邳州

又至山東沂州府

郯城縣

以上除東南外西北俱二千五

百里

温州府屬軍犯編發邊遠極邊地方

邊遠	極邊
東至抵海不足三千里	東至抵海不足四千里
南至抵海不足三千里	南至抵海不足四千里
西至湖北襄陽府	西至河南陝州
宜城縣	靈寶縣
又至安陸府	閡鄉縣
鍾祥縣	又至陝西同州府
又至河南開封府	大荔縣
杞縣	華陰縣

大清五軍道里表　卷四　浙江

欽定五軍道里表　卷四

陳留縣

祥符縣

北至山東兖州府

鄒　縣

滋陽縣

曲阜縣

泗水縣

寧陽縣

又至泰安府

肥城縣

泰安縣

華　州

朝邑縣

北至直隸停止編發

以上除東南北外西係四千里

四十

東平州

又至濟寧州

汶上縣

以上除東南外西北俱

三千里

欽定五軍道里表　卷四

三十里

東哈喇

温州府屬軍犯編發烟瘴地方

烟瘴

貴州思州府

玉屏縣

青溪縣

又至銅仁府

銅仁縣

處州府屬軍犯編發附近近邊地方

附近　　　　　　　近邊

東至抵海不足二千里　　　東至抵海不足二千五百里

南至抵海不足二千里　　　南至抵海不足二千五百里

西至溯北黃州府　　　　　西至溯北安陸府

斬水縣　　　　　　　　　京山縣

黃岡縣　　　　　　　　　天門縣

北至安徽鳳陽府　　　　　又至德安府

又懷遠縣　　　　　　　　又應城縣

又鳳陽縣　　　　　　　　又至漢陽府

欽定五軍道里表　卷四

又至泗州

又至江蘇淮安府

清河縣

桃源縣

以上除東南外西北亦俱

西至千里

孝感縣

又至河南歸德府

鹿邑縣

柘城縣

雎州

北至山東沂州府

蘭山縣

沂水縣

蒙陰縣

又至兗州府

縣

滕縣

以上除東南外西北俱二千五
百里

浙江

欽定五軍道里表

卷四

處州府屬軍犯編發邊遠極邊地方

邊遠	極邊
東至抵海不足三千里	東至抵海不足四千里
南至抵海不足三千里	南至抵海不足四千里
西至湖北襄陽府	西至陝西西安府
襄陽縣	咸陽縣
宜城縣	咸寧縣
光化縣	長安縣
穀城縣	臨潼縣
又至河南開封府	涇陽縣

欽定五軍道里表　卷四

鄭州

滎陽縣

汜水縣

又至河南府

鞏縣

北至山東泰安府

肥城縣

平陰縣

又至濟南府

歷城縣

長清縣

興平縣

醴泉縣

北至直隸停止編發

以上除東南北外西係四千里

齊河縣

濟陽縣

又至東昌府

荏平縣

高唐州

以上除東南外西北俱

三千里

欽定五軍道里表　卷

三年運

　　人　　　　　　　　　

高寨渡

　舊年解

天生汊馬頭

　舊馬頭渡

　舊田廠

處州府屬軍犯編發烟瘴地方

烟瘴

廣西恩恩府

賓　州

武緣縣

貴州思州府

玉屏縣

青溪縣

欽定五軍道里表

卷四